Vaderlandse geschiedenis voor in bed, op het toilet of in bad

Roel Tanja

BBNC uitgevers
Amersfoort, 2013

'For they are mistakes in my past history'
– Bob Dylan, *Let me die in my footsteps*

Eerste druk: februari 2013
Tweede druk: maart 2013

Ontwerp omslag: Imago Mediabuilders, Amersfoort
Ontwerp binnenwerk en zetwerk: Imago Mediabuilders, Amersfoort
Redactie en correctie: Vonne Cras
Druk- en bindwerk: Wilco, Amersfoort

ISBN 978 90 453 1460 0

www.bbnc.nl

Inhoud

1584	Willem van Oranje in Delft vermoord
1586	Van Oldenbarnevelt advocaat van den Lande
1588	De Spaanse Armada
1590	Het turfschip van Breda
1596	Overwintering op Nova Zembla
1600	Slag bij Nieuwpoort
1602	Oprichting van de VOC
1609	Twaalfjarig Bestand
1609	Kolonie Nieuw-Nederland gesticht
1619	Synode van Dordrecht
1619	Johan van Oldenbarnevelt onthoofd
1619	Jan Pietersz Coen sticht Batavia
1621	Hugo de Groot ontsnapt in een boekenkist
1621	Oprichting van de WIC
1625	Stadhouder Frederik Hendrik
1628	Piet Hein verovert de Zilvervloot
1637	De Statenvertaling
1639	De Zeeslag bij Duins
1647	Overlijden van Frederik Hendrik
1648	Vrede van Münster
1650	Het eerste stadhouderloze tijdperk
1652	Jan van Riebeeck sticht de Kaapkolonie
1667	Tocht naar Chatham
1672	Het Rampjaar – het land is 'redeloos, radeloos en reddeloos'
1676	Michiel de Ruyter sneuvelt bij Sicilië
1688	De Glorieuze Revolutie
1697	Tsaar Peter de Grote in Zaandam
1730	Sodomietenprocessen
1747	Erfstadhouder Willem IV
1781	Verspreiding van 'Aan het volk van Nederland'
1787	Aanhouding bij Goejanverwellesluis
1794	Pichegru verovert Holland
1805	Rutger Jan Schimmelpenninck, raadspensionaris

1806	Lodewijk Napoleon koning van Holland
1807	Buskruitramp te Leiden
1813	Terugkeer van de prins van Oranje
1815	De Slag bij Waterloo
1822	Winkel van Sinkel
1823	De eerste ministerraad
1825	De Java-oorlog
1830	De Belgische Revolutie
1831	'Dan liever de lucht in'
1831	De Tiendaagse Veldtocht
1839	De eerste spoorlijn Haarlem-Amsterdam
1840	Koning Willem I treedt af
1848	Grondwetsherziening door Thorbecke
1849	Willem III volgt zijn vader op
1856	Eerste spoorwegongeluk
1860	Verschijning van Max Havelaar
1863	Afschaffing van de slavernij
1866	De eerste vakbond
1868	Aanvaarding van het parlementair stelsel
1869	Afschaffing van het dagbladzegel
1870	Afschaffing van de doodstraf
1871	Eerste vrouw op de universiteit
1873	Begin van de Atjeh-oorlog
1874	Het Kinderwetje van Van Houten
1879	Oprichting van de Antirevolutionaire Partij
1888	Eerste socialist in de Tweede Kamer
1889	Oprichting Nederlandse Voetbalbond
1890	Koningin Emma regentes
1894	Oprichting SDAP
1896	De eerste auto's in Nederland
1898	Inhuldiging koningin Wilhelmina
1900	Paul Kruger in Nederland
1903	De grote spoorwegstaking
1909	Geboorte prinses Juliana
1914	Algehele mobilisatie
1917	De Pacificatie

1918	Een rooms-katholieke premier
1918	De Vergissing van Troelstra
1918	Der Kaiser komt naar Nederland
1918	De Spaanse griep
1919	Invoering vrouwenkiesrecht
1921	Oprichting van de Rapaille Partij
1925	De nacht van Kersten
1927	Moord op het Rembrandtplein
1928	Olympische Spelen in Amsterdam
1932	Afsluitdijk voltooid
1933	Muiterij op De Zeven Provinciën
1934	Het Jordaanoproer
1936	De gulden los van de gouden standaard
1937	Huwelijk Juliana en Bernhard
1940	Duitse inval in Nederland
1940	Oprichting van de Nederlandsche Unie
1941	De Februaristaking
1942	Slag in de Javazee
1944	Dolle Dinsdag
1944	Slag om Arnhem
1945	Bevrijding van Nederland
1945	Het tientje van Lieftinck
1947	Eerste politionele actie in Nederlands-Indië
1948	Fanny Blankers-Koen wint viermaal goud
1948	Koningin Wilhelmina treedt af
1949	Indonesië onafhankelijk
1951	De eerste televisieuitzending
1952	De laatste executies in Nederland
1953	De Watersnoodramp
1954	Invoering van het betaald voetbal
1956	De Greet Hofmans-affaire
1957	Invoering van de AOW
1962	De treinramp bij Harmelen
1962	Overdracht van Nieuw-Guinea
1965	Provo's
1967	Sluiting van de Limburgse mijnen

1966	Huwelijk Beatrix en Claus
1966	De nacht van Schmelzer
1969	Dolle Mina
1973	De oliecrisis
1975	Suriname onafhankelijk
1976	De Lockheed-affaire
1977	Molukse gijzelingen
1980	Inhuldiging van koningin Beatrix
1992	De Bijlmerramp
2002	Invoering van de euro
2002	Huwelijk Willem-Alexander en Máxima
2002	Moord op Pim Fortuyn
2004	Moord op Theo van Gogh

Woord vooraf

Objectiviteit bestaat niet. Zo is geschiedschrijving geen waardevrije wetenschap; net als bij alle andere studievelden komt ook hier subjectiviteit om de hoek kijken. Neem koning Filips II van Spanje. In onze vaderlandse geschiedenis wordt hij afgeschilderd als een absolute beul en als vervolger van protestantse Nederlanders, maar in Spanje zelf wordt hij *Felipe El Prudente*, Filips de Bedachtzame, genoemd. Waar wij hem minachten vanwege de Inquisitie, wordt hij in Spanje geprezen als initiator van het paleis El Escorial. En dan hebben we het toch echt over dezelfde persoon.

In Nederland heeft het er vaak ook mee te maken op wat voor soort school je hebt gezeten, zeker als je wat ouder bent en (de laatste resten van) de verzuiling hebt meegemaakt. Praat maar eens met iemand die op een school van een andere denominatie heeft gezeten, en hoor hem of haar uit over wat zij daar geleerd hebben. De Martelaren van Gorcum lijken dan ineens twee verschillende groepen te zijn geweest en Abraham Kuyper was een held of een zeloot.

Dus toen mijn redacteur vroeg of deze *Vaderlandse geschiedenis voor in bed, op het toilet of in bad* nu echt zo triest met twee moorden (die op Pim Fortuyn en op Theo van Gogh) moest eindigen, was mijn antwoord een oprecht 'nee'. Natuurlijk had daar Mark Rutte, als eerste liberale premier sinds Cort van der Linden, achteraan kunnen komen, of de bankencrisis, of Jan-Peter Balkenende, held en brekebeen, of Amalia, de garantie voor het voortbestaan van de monarchie. Maar waar die moorden over honderd jaar nog in de geschiedenisboekjes zullen staan, moet de geest over die andere zaken nog maar even rijpen en is het afwachten of ze het halen. Als mijn uitgever besluit om deel 2 van *Vaderlandse geschiedenis voor in bed, op het toilet of in bad* uit te brengen, zal ik dat deel wat vrolijker laten eindigen.

Ik wens iedereen veel leesplezier met mijn versie van onze vaderlandse geschiedenis.

Roel Tanja,
Den Haag, november 2012

10 v.Chr.

De Romeinen in ons land

Het Romeinse Rijk breidde zich steeds verder uit. Het was ten slotte Julius Caesar die in 58 v.Chr. doordrong in zuidelijk Nederland. Het was Germaanse stammen toegestaan om zich in deze onherbergzame, kale gebieden te vestigen, die meer uit water dan uit land bestonden. De Romeinen noemden het land 'Germanië'. Door de Romeinse geschiedschrijving weten we dat de Batavieren in de Betuwe gevestigd waren, de Kaninefaten (die tegenwoordig ineens Cananefaten genoemd worden) zich in het westen bevonden en dat de Friezen in het noorden woonden.

Onder keizer Augustus maakten de Romeinen van de Rijn de noordelijke grens van hun grondgebied en langs deze linie werden op strategische plekken forten (*castella*) gebouwd. Deze forten waren zo'n 110 m bij 180 m groot, met daaromheen nog twee of drie grachten en een aarden wal met een pallisade (houten omheining). Dat was zeker nodig nadat de Romeinen door de Cherusken van Arminius (Hermann) in de pan waren gehakt in het Teutoburger Woud (9 na Chr.) en de dreiging vanuit het oosten groot was.

De Germaanse stammen hier in het land kwamen weliswaar onder het juk van de Romeinen, maar ze profiteerden er ook van. Het was over het algemeen een rustige tijd; er werden wegen aangelegd en er was scheepvaart op de rivieren, waardoor de handel bloeide. Buiten de *castella* ontstonden nederzettingen met markten. Uit de woonplaatsen ontstonden ten slotte de eerste stadjes, waar later plaatsen als Maastricht, Nijmegen en Utrecht uit zouden groeien.

69

De Bataafse opstand

De Bataafse opstand is beroemd geworden doordat de grote Romeinse geschiedschrijver Tacitus erover geschreven heeft in zijn *Historiae*. De Batavier Julius Civilis had koninklijk bloed en voerde het bevel over Bataafse huurtroepen van het Romeinse leger. Volgens Tacitus was hij 'slimmer dan je van een barbaar zou verwachten'. Julius Civilis had dus een prima positie, hij hoefde bijvoorbeeld geen belasting te betalen.

Maar in 69 na Chr. ging het mis. Julius Civilis en zijn broer Julius Paulus werden, ten onrechte volgens Tacitus, van rebellie beschuldigd. J. Paulus werd ter plekke gedood en J. Civilis moest naar Rome om berecht te worden. Daar werd hij vrijgesproken (Nero was gelukkig net dood) en hij keerde naar het noorden terug. In Rome was het ondertussen een komen en (dood)gaan van keizers; het jaar 69 staat dan ook bekend als het 'Vierkeizerjaar'. Eén van hen, keizer Vitellius, legde de dienstplicht aan de Batavieren op – en de jonge Bataviertjes mochten dienen als schandknaap.

Julius Civilis organiseerde met Bataafse edelen een drink- en schranspartij in het bos bij Empel. En zoals met wel meer feestjes gebeurt, liep ook dit uit de hand en beraamde men een opstand. Toen het eind 69 bij Nijmegen tot een gevecht kwam met de Romeinen, wisten de Batavieren te winnen – doordat Bataafse huurlingen binnen het Romeinse leger massaal overliepen naar Julius Civilis. Onder de nieuwe keizer Vespasianus kwam het tot een nieuw treffen bij Xanten. Maar helaas hield hier het verhaal van Tacitus op en weten we niet hoe het afliep, hoewel er waarschijnlijk vrede gesloten is.

695

Willibrord aartsbisschop der Friezen

De Engelse priester Willibrord kwam in 690 bij Katwijk aan land met een groep van zo'n twaalf monniken om de Friezen te kerstenen. De Friezen woonden langs de hele kuststrook, van de Westerschelde tot aan Dokkum. Hun zuiderburen waren de Franken, wiens koning Clovis al twee eeuwen daarvoor tot het Christendom was overgegaan. De grens tussen de twee rijken was nogal flexibel; na een paar jaren goed knokken kon de een of ander zomaar een flink stuk land extra bezitten.

In 630, na een Frankische succesperiode, hadden Frankische missionarissen een kerkje in Utrecht gebouwd op de plaats waar nu de Dom staat, maar dat werd kort daarop door de Friezen verwoest. De Friezen stonden niet te trappelen om zich in te laten met het nieuwe geloof, zeker ook omdat zij bang waren dan helemaal door de Franken te worden opgeslokt. Vandaar dat Willibrord eerst op zoek ging naar steun. Hij bracht verschillende bezoeken aan de Frankische hofmeier Pepijn van Herstal en de paus in Rome. Paus Sergius I benoemde Willibrord in 695 tot aartsbisschop van de Friezen. In 696 vestigde Willibrord zich in Utrecht, waar hij het verwoeste kerkje herbouwde. Via zijn contacten met Pepijn ontving hij heel wat landgoederen. Zo gaf Pepijns schoonmoeder een groot stuk bij Echternach (nu in Luxemburg) waar Willibrord een grote abdij liet bouwen.

De Friezen gaven zich, onder leiding van koning Radboud, echter niet gemakkelijk gewonnen. Ze heroverden Utrecht zelfs, maar nadat Karel Martel de zaak weer had rechtgezet, kon aartsbisschop Willibrord zich definitief in Utrecht vestigen.

754

Bonifatius bij Dokkum vermoord

Net als Willibrord was Bonifatius (geboortenaam Winfried) een Engelsman die de Friezen wilde kerstenen. Maar tevens wilde Bonifatius de nieuwe christenen volgzamer maken aan Rome dan de andere Iers-Keltische missionarissen tot dan toe deden. In 716 deed Bonifatius zijn eerste missiepoging, maar het ging de Friezen nu juist voor de wind in hun strijd tegen de Franken, dus die hadden geen behoefte aan een nieuwe godsdienst. Wel doet het verhaal de ronde dat koning Radboud zich wilde laten dopen, maar toen hij hoorde dat zijn voorvaderen zich in de hel bevonden, zag hij er toch maar vanaf.

Bonifatius pendelde op en neer tussen Rome en de Germaanse stammen. Hij verwierf in Rome zijn nieuwe naam (vanwege zijn welsprekendheid) en de titel van (uiteindelijk) aartsbisschop. In 723 hakte hij in Hessen een Donar-eik om en het publiek wachtte op de wraak van de goden. Toen er niets gebeurde, namen veel Germanen het christelijke geloof aan. Van het hout van de eik werd een kerk gebouwd (dus dat is een flinke boom geweest).

Dit soort stunts haalde Bonifatius wel vaker uit en toen hij in 754 zo rond z'n tachtigste opnieuw naar Friesland ging, vernielde hij wel meer heiligdommen van (af)goden. Toen hij op weg was naar een doopfeest in Dokkum, werd zijn gezelschap overvallen en werd Bonifatius met nog 52 medemissionarissen (en waarschijnlijk nog een veelvoud aan voetvolk) vermoord. Hij probeerde de zwaardslagen nog met een boek op te vangen, maar tevergeefs. Bonifatius werd meteen heilig verklaard; het bewuste boek wordt nu in Fulda bewaard.

800

Karel de Grote tot keizer gekroond

In 768 volgden Karel en Carloman, de zonen van Pepijn de Korte, hun vader na diens overlijden op. Het leek op een broedertwist uit te draaien, zeker omdat moeder Bertha 'met de grote voet' de zijde van Carloman koos. Karel werd door zijn moeder gedwongen met Desidrata van Lombardije te trouwen en dreigde op een zijspoor te belanden. Maar Carloman stierf en Karel kreeg het hele rijk in de schoot geworpen.

Naast zijn erfenis wist Karel nog heel wat extra gebied te veroveren, met name op de Longobarden, de Saksen (na 33 jaar oorlog!), de Friezen, de Avaren en de Moren. Hij bezat grofweg de huidige Benelux, Frankrijk, Duitsland, Midden-Europa en half Italië. Om zijn enorme rijk te kunnen besturen, maakte Karel gebruik van 'vazallen' of leenmannen, die hem met 'raad en (militaire) daad' bijstonden. In ruil daarvoor kregen zij van hem een 'leen': het bestuur over en de inkomsten van een gebied. In de loop van de tijd beschouwden de vazallen hun lenen als erfelijk bezit en werden ze steeds onafhankelijker.

Karel had overal in het rijk 'paltsen' (paleizen). Hij reisde van palts naar palts en regelde ter plekke zijn zaken met zijn belangrijkste leenmannen.

In 800 was Karel in Rome (de eerste en enige keer) en op de ochtend van eerste kerstdag plaatste paus Leo III hem de keizerskroon op het hoofd. Historici twisten er nu nog over wie het initiatief voor deze daad had genomen.

Karel, die ook veel centralistische wetten uitvaardigde, stierf in 814 in zijn palts in Aken.

834

Noormannen plunderen Dorestad

De Noormannen, of Vikingen, waren een reislustig volkje. Of het nu aan de kou of de overbevolking van sommige gebieden lag, de Noormannen zijn bijna overal geweest. Ze hadden koloniën gesticht op IJsland, op Groenland en in Amerika. Zij stichtten het eerste koninkrijk in Rusland (Kiev) en kwamen tot Constantinopel. Ook veroverden zij Groot-Brittannië en koloniseerde koning Rollo Normandië in Frankrijk.

Basis van hun veroveringen waren hun schepen met een drakenkop, 'drakenschepen', ze waren verreweg de beste scheepsbouwers van hun tijd. Wat begon als handel eindigde al snel in plundertochten, zeker toen de diverse Scandinavische volken zich begonnen te verenigen om zodoende nog sterker te zijn. Het hielp ook dat er voor een man eigenlijk maar één goede manier was om dood te gaan, namelijk door te sterven in het gevecht.

In ons land kwamen de Noormannen in 820 op Walcheren aan en in 834 in Dorestad. Dorestad lag op de splitsing van de Rijn en de Lek, waarschijnlijk waar nu Wijk bij Duurstede ligt. Er werden daar markten gehouden in slaven, huiden, textiel en voedsel. Door diens rijkdom wekte Dorestad de interesse van de Vikingen. Vikingen voeren de Nederlandse rivieren op en vielen Dorestad tussen 834 en 863 meerdere keren aan. Na elke aanval bouwden de bewoners hun stad weer op. Toch raakte de handelsplaats uiteindelijk in verval; of dat een gevolg was van de aanvallen of doordat de rivieren dichtslibden, is niet duidelijk.

Nederland bleef last houden van de Vikingen; hun laatste rooftochten vonden plaats in 1007, toen zij Utrecht en Tiel leegplunderden.

1203

De Loonse Oorlog breekt uit

De graven van Holland, wie kent ze niet? Dikkie, Dikkie, Arnout, Dikkie, Dikkie, Flo, Dikkie, Flo, Dikkie, Flo, Dikkie, Ada, Willem, Flo, Willem, Flo, Jan. Er zit maar één vrouw tussen, Ada, en die heeft maar weinig van haar 'macht' kunnen genieten.

Toen haar vader Dirk VII (tel maar na) stierf, liet hij alleen één dochter na. Dirk wilde inderdaad dat zijn dochter hem zou opvolgen, maar zijn jongere broer Willem was het daar niet mee eens. Nog voordat Dirk begraven was, trouwde Ada met Lodewijk II van Loon. Maar op weg naar de begrafenis werd Ada opgewacht door handlangers van Willem. Ada vluchtte de burcht van Leiden in, maar Willem wist haar toch te grijpen en stuurde haar naar Engeland.

Normaliter zou de keizer van het Heilige Roomse Rijk een dergelijk geschil moeten oplossen. Maar deze Otto IV was zelf in een machtsstrijd verwikkeld met Filips van Zwaben. Ondertussen bevochten Willem en Lodewijk elkaar te vuur en te zwaard. Willem wist met steun van de Zeeuwse en Kennemer edellieden de strijd in 1206 in zijn voordeel te beslissen. Formeel werd Holland in tweeën gesplitst, maar Willem was duidelijk de belangrijkste heerser in het graafschap. In 1207 kwam Ada weer vrij en in 1208 kreeg Willem de titel 'graaf van Holland'. In 1213 schonk Otto IV hem Holland officieel als rijksleen.

In 1217 ging Willem, na een conflict met de paus, mee op de vijfde kruistocht. Hij boekte geen successen, maar keerde eer- en roemvol terug, weer voorzien van de pauselijke zegen.

1248

Graaf Willem II Rooms koning

Willem II werd op 17-jarige leeftijd graaf van Holland, zijn vader, Floris IV, sneuvelde in 1234 bij een toernooi in Corbie (Noord-Frankrijk). Willem koos de zijde van paus Innocentius IV in diens strijd tegen keizer Frederik II van Hohenstaufen. Het Heilige Roomse Rijk bestond uit Duitsland, de Lage Landen, Italië vanaf Rome, Zwitserland en wat landjes in Midden-Europa. De verschillende vorsten kozen een koning (de Roomse koning) die dan, mits hij door de paus gekroond werd, tot keizer zou worden uitgeroepen.

Natuurlijk excommuniceerde de paus Frederik, zette hem af en stelde Willem aan tot Rooms koning. Willem zou in Aken (de oude palts van Karel de Grote) gekroond worden door de aartsbisschop van Keulen, maar die stad was nog in handen van Frederik. Hij wist de stad in 1248 te veroveren. Doordat Frederik in 1250 stierf en Willem zelf in 1252 in het huwelijk trad met de Welfische Elisabeth van Brunswijk, werd Willem zelfs aanvaardbaar voor de andere Duitse vorsten. Toen hoefde Willem alleen nog naar Rome om tot keizer gekroond te worden.

Maar eerst wilde Willem nog de strijd aangaan met de opstandige West-Friezen. Tijdens de veldtocht in 1256 zakte Willem met paard en al door het ijs van het Berkmeer. Voordat zijn tegenstanders doorhadden wie hij was, hadden zij hem al gedood. Het lijk van de graaf van Holland werd toen met weinig ceremonieel onder een haardplaat van een boerderij in Hoogwoud verstopt.

Willem II werd als graaf opgevolgd door zijn anderhalf jaar oude zoon Floris V.

1296

Floris V bij het Muiderslot vermoord

Floris V stond bekend als 'der keerlen God' (de boerengod). Volgens sommige geschiedschrijvers was dit een spotnaam, anderen hielden het op een koosnaam. Feit was wel dat Floris in zijn tijd dermate handig onderhandelde en veroverde dat hij de grenzen van Holland, zoals wij die nu kennen, heeft vastgelegd.

Het graafschap Holland werd, tot Floris twaalf jaar was (meerderjarig vonden ze dat toen), bestuurd door zijn oom Floris de Voogd. Op veertienjarige leeftijd trouwde Floris met Beatrix van Vlaanderen; het echtpaar kreeg negen kinderen, van wie er maar twee volwassen werden. Naast het vechten, vooral tegen de West-Friezen, was Floris een goed bestuurder die tal van vernieuwingen wist door te voeren. Ook de bouw van het Muiderslot en, vooral, het Binnenhof in Den Haag waren aan hem te danken.

Minder gelukkig was Floris soms met de coalities die hij aanging. Toen hij de Schotse troon niet wist te bemachtigen, keerde hij zich af van de Engelse koning Edward I en wendde hij zich tot de Franse Filips IV de Schone. Dit heeft hem waarschijnlijk het leven gekost. In 1296 raakte Floris in conflict met Edward en werd gevangengenomen door de edelen Gijsbrecht van Aemstel, Herman van Woerden en Gerard van Velzen. Ze sloten hem op in het Muiderslot. Toen boeren uit de omgeving Floris trachtten te bevrijden, probeerden de gijzelnemers met hun gegijzelde te vluchten. Maar in het nauw gedreven, sloeg Gerard van Velzen de vastgebonden gevangene eerst diens handen eraf en stak toen, bijgestaan door de anderen, op hem in. Floris V werd dood aangetroffen, met 22 steekwonden in zijn lichaam.

1302

De Guldensporenslag

De Guldensporenslag van 11 juli 1302 wordt nu herdacht als nationale Vlaamse feestdag, de dag dat de Vlamingen de gehate Franstaligen een verpletterende nederlaag toebrachten. Maar er speelde meer mee: zo vocht aan Vlaamse zijde ook het Waalse graafschap Namen en waren er in beide kampen Brabanders te vinden. De Guldensporenslag was ook de strijd tussen aanhangers van de Franse koning, de *leliaards* (de Franse lelie), en de *liebaards* (oude benaming voor luipaard of leeuw), die de graaf van Vlaanderen steunden. Tevens was het de strijd van de patriciërs tegen de ambachtslieden en het gewone volk.

Het liep voor het eerst uit de hand tijdens de Brugse Metten, toen op de avond van Goede Vrijdag de *liebaards,* onder leiding van Pieter de Coninck en Jan Breydel, massaal het Franse bezettingsleger en *leliaards* begonnen te vermoorden. Koning Filips de Schone moest wel reageren en stuurde een leger van zo'n 8.500 ridders naar Vlaanderen. Daar werden ze opgewacht door een Vlaams leger, dat uitsluitend uit voetvolk bestond. De twee legers troffen elkaar bij Groeningebeek, alwaar de Vlamingen onder de kreet 'Vlaanderen ende Leu' ('Vlaanderen de Leeuw') tot ieders verbazing de beter bewapende Franse cavalerie wist te verslaan. De met ijzeren punten beslagen knotsen ('goedendags') bewapende burgers maakten geen krijgsgevangenen (ook al apart, want een gevangen ridder was veel geld waard) en zorgden voor een militair-strategische en politieke ommekeer in Europa.

Na de slag mochten de Vlamingen hun gesneuvelde vijanden gaan plunderen en ze maakten daarbij zo'n 500 gulden sporen buit die in een kerk in Kortrijk werden opgehangen: de Guldensporenslag dus.

1346

De Hoekse en Kabeljauwse twisten

De Hoekse en Kabeljauwse twisten duurden 140 jaar. Het is een verzamelnaam voor allerlei conflicten waarbij edellieden elkaar bevochten om de macht en waarbij de burgerij meer invloed wenste te krijgen.

Het begon met de dood van de kinderloze Hollandse graaf Willem IV. Door de huwelijkspolitiek van zijn vader konden de vorsten van Engeland, Frankrijk en Duitsland aanspraken maken op de graaftitel. Uiteindelijk kreeg Margaretha, zus van Willem IV, het graafschap als leen. Zij gaf de macht al snel over aan haar 13-jarige zoon, Willem V, en bedong voor zichzelf een jaargeld van 6.000 gulden. Opstandige edelen wisten Willem V los te weken van zijn moeders invloed. Deze opstandigen werden de Kabeljauwen genoemd, omdat men (met een beetje fantasie) in het wapen van Beieren de schubben van een vis kon zien. De tegenstanders noemden zich Hoeken (hoek = haak, waarmee men een kabeljauw kon vangen). Overal in Holland en Zeeland sloten steden zich bij een van de partijen aan (en wisselden in de loop van de tijd nogal eens van kant). Het liep uit op een ware burgeroorlog, met meerdere bloedige veldslagen.

Ook na de dood van Margaretha en toen Willem V krankzinnig werd (of was hij alleen maar dronken die avond?) en afgezet werd, ging de strijd nog verder. Onder dezelfde geuzennamen vocht men tegen elkaar over de Bourgondische aanspraken op het graafschap.

Niet alleen in Holland en Zeeland raakten de partijen slaags, ook in Friesland (Vetkopers versus Schieringers), in Gelre (Bronckhorsten versus Heeckerens) en in Utrecht (Gunterlingen versus Lichtenbergers) knokte men decennialang tegen elkaar.

1421

De Sint-Elisabethvloed

Zoals men in Amerika orkanen vrouwennamen placht te geven, werd bij ons de naam van de naamdagheilige aan een natuurramp geplakt. De naamdag van Sint-Elisabeth viel op 10 november. Omdat op die dag in 1404 een grote noordwesterstorm uitbrak, kreeg die dan ook haar naam mee. Op dezelfde dag was het in 1421 én in 1424 opnieuw raak: de Sint-Elisabethvloed vond dus drie keer plaats, waarbij die van 1421 de ergste was.

Waarschijnlijk was er in 1421 geen sprake van springvloed (zoals bij de Watersnoodramp van 1953), maar had het toch al een hele tijd geregend. Het water in de rivieren stond erg hoog. Er vonden vele dijkdoorbraken plaats, waaronder bij Dordrecht en Geertruidenberg. Wellicht was de oorzaak dat het dijkonderhoud verwaarloosd was doordat beide steden elkaar de jaren daarvoor in tegenovergestelde kampen flink hadden bevochten tijdens de Hoekse en Kabeljauwse twisten. Voor Dordrecht waren de gevolgen het rampzaligst; de stad had namelijk het 'stapelrecht', waardoor bepaalde handelswaren eerst in de stad uitgeladen moesten worden voordat men ze verder mocht vervoeren. Door het vele 'nieuwe' water kon Dordrecht nu makkelijk omzeild worden. Daarnaast werd de stad ook van het zuiden afgesneden, en door dit alles moest het flink aan status inleveren.

De Groote of Hollandse Waard, waar veel turf gestoken werd, liep ook voor grote delen onder. Men probeerde daar de dijken wel te herstellen, maar de vloed van 1424 ontregelde die herstelwerkzaamheden weer. In de jaren erna kwam het hele gebied onder water te staan, en heette het vooraan de Biesbosch.

1464

Eerste vergadering van de Staten-Generaal

Waar wij van doen hadden met de Hoekse en Kabeljauwse twisten, vochten de Engelsen en Fransen de Honderdjarige Oorlog uit (die overigens 120 jaar duurde). Een van de strijdende partijen waren de Bourgondiërs, onder leiding van Filips de Goede. Hij probeerde Bourgondië zoveel mogelijk buiten de strijd te houden.

Ondertussen raakte Filips wel steeds meer betrokken bij onze nationale twisten. Hij koos de zijde van Jan van Beieren, Kabeljauw, bisschop van Luik én zijn oom. Ze slaagden er samen in om Henegouwen, Holland en Friesland te veroveren, en in 1428 sloot Filips vrede met Jacoba van Beieren door middel van de 'Zoen van Delft' (in de zin van verzoening; er gebeurde niets oneerbaars). Daarna wist Filips ook nog Brabant, Limburg, Antwerpen en Namen in handen te krijgen. Na deze expansie begon Filips te werken aan de versterking van het centraal bestuur. Hij voerde de Grote Raad in met centrale rechtspraak, en de Nederlandse gewesten dienden als één provincie belasting te gaan betalen.

Net als zijn vader, Jan zonder Vrees, wilde ook Filips de Goede op kruistocht gaan. Om zijn zaken goed te regelen, riep hij op 9 januari 1464 in Brugge de eerste vergadering van de Staten-Generaal der Nederlanden bijeen. Er kwamen vertegenwoordigers van de gewestelijke staten en van een aantal steden. Op de agenda stonden zijn tijdelijke vervanger, zaken over de munt en, heel apart, de behandeling van grieven van enkele steden.

De kruistocht van Filips zou uiteindelijk niet doorgaan; de Staten-Generaal bestaan nog steeds.

1482

Jan van Schaffelaar springt van de kerktoren

De laatste stuiptrekkingen van de Hoekse en Kabeljauwse twisten speelden zich in Utrecht af. De bisschop van Utrecht, David van Bourgondië, een bastaardzoon van Filips de Goede, werd door de Hoeken uit zijn stad verjaagd. In antwoord hierop besloten de Kabeljauwen Utrecht te belegeren en uit te hongeren. De Hoekse hertog Jan van Kleef liet voedsel naar de stad brengen, terwijl de Kabeljauwen deze transporten probeerden te verhinderen.

Over Jan van Schaffelaar is heel weinig bekend, mogelijk heette hij Jan van Domselaar en kreeg hij zijn naam na een huwelijk. Van Schaffelaar was waarschijnlijk een Kabeljauwse ruiteraanvoerder die zich bezighield met overvallen op de konvooien van Van Kleef.

Op 16 juli trok Van Schaffelaar met een groep van een man of twintig naar Barneveld, waar ze de kerktoren innamen. Dat bleek niet zo'n slimme zet, want de Hoekse soldaten uit Amersfoort en Nijkerk arriveerden prompt en belegerden de toren. De situatie was al snel hopeloos voor Van Schaffelaar en de zijnen. De Hoeken eisten dat de Kabeljauwen hun aanvoerder uit de galmgaten naar beneden zouden gooien (zij kenden Van Schaffelaar dus wel degelijk). De belegerde ruiters weigerden dat, waarop Jan van Schaffelaar het woord nam en zei: 'Lieve gesellen, ic moet ummer sterven, ic en wil u in geenen last brenghen.' (Beste metgezellen, ik moet toch ooit eens sterven, ik wil jullie niet in de problemen brengen.)

Met zijn handen in zijn zijde sprong Van Schaffelaar de kerktoren af, maar overleefde de val. Hij werd prompt door zijn tegenstanders vermoord.

1515

Karel V landsheer van de Lage Landen

Karel werd in 1500 geboren als zoon van Filips de Schone en Johanna de Waanzinnige, op het Prinsenhof in Gent. Hij werd in Mechelen grootgebracht door zijn tante, Margaretha van Oostenrijk. Door huwelijkspolitiek en het overlijden van een aantal familieleden, erfde Karel alles bij elkaar een enorm rijk. De Nederlanden (en Spanje) ontving hij doordat zijn vader in 1506 overleed. Zijn tante was al landvoogdes en bleef dat nog tot haar dood in 1530; zij werd opgevolgd door Karels zuster, Maria van Hongarije.

Karel werd vanaf 1507 in de praktijk opgevoed door Willem II van Croÿ en Adriaan van Utrecht, de latere paus Adrianus VI. Hoewel zij hem beiden ook probeerden te interesseren voor de nieuwe humanistische idealen, lukte dat bij Karel niet zo goed. In 1515 werd Karel tijdens een plechtige vergadering van de Staten-Generaal in het Paleis op de Koudenberg in Brussel meerderjarig verklaard. Hij begon meteen met een rondreis door zijn nieuwe landsheerlijkheden. Naast de bestaande (door Filips de Goede veroverde) gebieden in de Lage Landen wist Karel in de loop der jaren ook Gelre, Utrecht, Groningen en Friesland aan zich te binden. Hij wist hiermee als eerste een soort gezamenlijke Nederlanden te verenigen.

Karel voerde een sterk centralistische politiek. Zijn grootmoeder, Maria van Bourgondië, had de gewesten via het 'Groot-Privilege' wat meer politieke vrijheden gegeven. Karel trok die weer in maar zette wel drie raden op: de Raad van Financiën, de Geheime Raad en de Raad van State. In de gewesten werden stadhouders aangesteld, die uit zijn naam regeerden.

1525

Jan de Bakker eindigt op de brandstapel

In 1517 spijkerde de priester en hoogleraar Maarten Luther een lijst met 95 stellingen op de deur van de kerk in het Duitse Wittenberg. Hij maakte zich vooral druk over de verkoop van 'aflaten' waarmee men zonden kon afkopen. Nu werd er wel vaker wat op de kerkdeur geplakt, maar Luthers stellingen waren zo bijzonder dat ze binnen een week op veel plaatsen in Duitsland en Nederland te lezen waren, en veel onrust veroorzaakten. De Rooms-katholieke kerk en keizer Karel V reageerden door fanatiek 'protestanten' te gaan vervolgen.

Het eerste slachtoffer van die jacht werd Jan Janszoon uit Woerden, die bekend zou worden onder de naam Jan de Bakker. Als zoon van een koster kreeg hij een goede opleiding en kwam daarbij in aanraking met humanisten als Hinne Rode en Desiderius Erasmus. Hij radicaliseerde al snel, maar liet zich toch als priester wijden. In Jacobswoude predikte hij echter in de geest van de hervormingen, zo ook in zijn volgende standplaats Woerden. Hij weigerde verantwoording bij de autoriteiten af te leggen, trouwde in het geheim en nam het beroep van bakker op zich.

Toch werd hij op bevel van de landvoogdes, Margaretha van Oostenrijk, gegrepen en gevangengezet in de Voorpoort in Den Haag. Hij werd vier maanden lang verhoord, maar weigerde zijn nieuwe geloof af te zweren. Op 15 september 1525 werd Jan de Bakker wegens ketterij op de brandstapel voor het Haagse Prinsenhof gezet. Een kruitzakje op zijn borst maakte tenslotte een einde aan zijn leven. Velen zouden hem volgen.

1555

Keizer Karel v doet troonsafstand

In 1555 was Karel het zat. Al vanaf zijn jeugd was hij geplaagd met een erfelijke afwijking van zijn kaakgewricht, een zogeheten 'Habsburgse kin'. Dit was een ware centenbak, waardoor hij niet goed kon kauwen en hij last had van veel indigestieproblemen. Voeg daarbij dat hij dol was op (heel veel) vlees en koud bier en dat verklaarde ook voor een groot gedeelte zijn problemen met jicht. Karel besloot af te treden.

Karel had tijdens zijn regeerperiode veel te kampen gehad met onwillige protestantse Duitse vorsten, oprukkende Turkse legers (die tot aan de poorten van Wenen kwamen) en met een niet te winnen strijd tegen de Fransen. Wel zond hij vele expedities uit naar de 'Nieuwe Wereld', waardoor hij alles bij elkaar een wereldrijk bestuurde 'waar de zon nooit onderging'. Waar Karel hard aan had gewerkt, was het bewaren van de eenheid van zijn rijk, om dat door te kunnen geven aan zijn zoon. Het Duitse keizerschap zat er voor zoon Filips niet in, maar de rest van zijn vaders gebieden kon hij inderdaad overnemen. In de Nederlanden stelde Filips II zijn onwettige halfzuster Margaretha van Parma aan als landvoogdes.

Karel eindigde zijn bewind met wat hij zelf beschouwde als een grote nederlaag: de Godsdienstvrede van Augsburg, waarbij de Duitse vorsten zelf mochten bepalen welke religie zij aan hun onderdanen oplegden. Ondersteund door zijn vertrouweling Willem van Oranje, zijn stadhouder van Holland, Zeeland en Utrecht, droeg Karel op 25 oktober 1555 het bewind van de Nederlanden over aan zijn zoon Filips.

1566

Smeekschrift der edelen

De regeerperiode van Filips II verliep van begin af aan stroef. Hij benoemde Granvelle, nota bene de zoon van een eenvoudige smid, als adviseur van de landvoogdes. Granvelle kreeg zitting in de Raad van State. Toen Filips hem in 1561 benoemde tot kardinaal en aartsbisschop van Mechelen, wat Granvelle nog meer macht gaf, was de maat voor de edelen in de Nederlanden vol. Ze kwamen in opstand, en Gravelle vertrok in 1564 door de zijdeur.

In 1565 sloten zo'n 400 adellijke heren een verbond, het Compromis der Edelen. Onder hen bevonden zich rijke mannen als Hendrik van Brederode, de leider, Willem van Oranje (jaarinkomsten fl. 150.000 per jaar), maar ook Jan en Filips van Marnix (jaarinkomsten fl. 1.500). De edelen hadden het zwaar, economisch ging het slecht, er waren misoogsten, het volk morde en er werd (te) hard opgetreden tegen de protestanten.

De edelen besloten een smeekschrift aan landvoogdes Margaretha van Parma aan te bieden. Het schrift was met opzet niet gekant tegen Filips II, maar vroeg om verzachting van de Inquisitie. Toen een stoet van 200 deels verarmde edellieden het op 5 april 1566 kwam aanbieden, merkte Karel van Berlaymont tegen Margaretha op: *'N'ayez pas peur, Madame, ce ne sont que des gueux.'* (Vrees niet, mevrouw, het zijn maar bedelaars). Brederode hoorde dit en bracht 's avonds een heildronk uit: 'Ik heb gedronken op de gezondheid van de geuzen. Leve de Geuzen.'

Het begrip 'geus' verspreidde zich snel in de Nederlanden. Ter herkenning droegen de geuzen voortaan een bedelnap aan hun riem.

1566

De Beeldenstorm

Het smeekschrift van de edelen leverde geen directe resultaten op, maar Margaretha van Parma liet de touwtjes toch wat vieren. Een gevolg daarvan was dat protestantse predikers nu veel vaker en openlijker begonnen op te treden. Ze deden dat niet in de kerken, maar op het open veld: de 'hagenpreken'. Die preken waren zo opruiend dat de mensen in de Westhoek, in het zuidwesten van Vlaanderen, na een preek van Sebastiaan Matte in het Laurentiusklooster in Steenvoorde de beelden tot puin sloegen. Die week in augustus breidden de onlusten zich als een olievlek uit, eerst naar het gebied rond de Schelde en later naar Noord- en Oost-Nederland.

De beeldenstormers kwamen uit alle lagen van de bevolking, maar werden veelal geleid door fundamentalistische calvinisten, aanhangers van de leer van Johannes Calvijn. Zij namen het tweede gebod uit de Bijbel (Gij zult geen andere goden voor mijn aangezicht hebben) heel letterlijk en sloegen in kerken, abdijen en kloosters alle 'paapse superstitiën' kapot. De motieven van de verschillende plunderaars waren al even verschillend als hun afkomst. Sommigen haatten de geestelijken met al hun privileges, anderen hadden genoeg van hun eigen zeer armoedige bestaan. Daarnaast was het vooral ook de opkomende middenklasse die de Beeldenstorm gebruikte als grote maatschappelijke 'doorbraak'.

Miswijn werd opgedronken, hosties werden vertrapt of aan de vogels gevoerd, heiligenbeelden werden onthoofd, altaren omver gesmeten, kunstwerken naar buiten gegooid: na de Beeldenstorm waren de kerken helemaal klaar voor de sobere calvinistische eredienst: Bijbellezing en Bijbeluitleg door de predikant.

1567

Alva wordt landvoogd

Na de Beeldenstorm was koning Filips II woest en hij besloot hertog Don Fernando Alvarez de Toledo, hier beter bekend als Alva, naar de Nederlanden te sturen met 10.000 man aan troepen. Aanvankelijk zou Alva, die in mei 1567 aankwam, Margaretha van Parma bijstaan, maar die raakte al snel zo ontzet door het optreden van deze 'IJzeren Hertog' dat zij met haar zoon Alexander in september terugging naar Italië.

Alva begon meteen met de Raad van Beroerten (van de onlusten) op te richten, die in de Nederlandse volksmond de 'Bloedraad' werd genoemd. Met 170 man aan personeel werkte deze Raad zeer efficiënt. In de vijf jaar dat Alva in de Nederlanden aanwezig was, werden er 1.073 mensen omgebracht en 11.130 verbannen. Berucht was de Vlaming Jacob Hessels, die namens de Raad rechtsprak. Hij viel meestal in slaap en riep automatisch als hij gewekt werd: 'Ad patibulum!' (Naar de galg). Een belangrijk onderdeel van het werk van de Raad was de confiscatie van goederen van de veroordeelden, want die waren hard nodig voor de schatkist. Ook maakte de Raad veel gebruik van zogenaamde zevenstuiverslieden, verklikkers die voor dat bedrag mensen aanbrachten.

De bodem van de schatkist raakte in zicht, en in 1569 stelde Alva de Tiende Penning in, een belasting van 10% op alle roerende goederen (een soort BTW). Daarvóór had hij al twee belastingen opgelegd: de Honderdste Penning (een soort WOZ) en de Twintigste Penning (een soort overdrachtsbelasting).

Het Nederlandse volk kwam nu echt in opstand en de Tachtigjarige Oorlog brak uit.

1568

Egmont en Horne in Brussel onthoofd

Met de komst van Alva stonden veel hoge adellijke lieden in dubio. De graven van Egmont en Horne beleden hun trouw aan het Spaanse koningshuis en boden aan om Alva van advies te dienen. De nieuwe landvoogd nodigde Egmont en Horne daarop uit om in Brussel onder een maaltijd te komen praten. Hij nam hen echter beiden gevangen.

Willem van Oranje wachtte de komst van Alva niet af. In maart 1567 had hij, als burggraaf van Antwerpen, geen hulp verstrekt aan een geuzenlegertje (georganiseerd door Brederode) dat onder leiding van Jan van Marnix tegen de Spanjaarden vocht. Maar in december 1567 besloot de Raad van Beroerten Willem te vervolgen. Hij vluchtte naar Duitsland teneinde financiële middelen bij elkaar te schrapen om de opstand verder uit te bouwen.

Hendrik van Brederode, de 'Grote Geus', organiseerde in 1566 zonder veel succes het verzet op Walcheren, in Vianen, Den Bosch en Utrecht. Ook hij vluchtte naar Duitsland, waar hij in januari 1568 overleed; de Hollanders namen vanaf toen de leiding van de opstand in handen.

De graaf van Hoogstraten werd, net als Egmont en Horne, door Alva gesommeerd om naar Brussel te komen. Toen hij onderweg vernam wat er met de twee anderen gebeurd was, keerde hij om en bleef strijden aan de zijde van Willem van Oranje. In december 1568 kwam hij om bij de Slag bij Geldenaken, doordat hij in zijn eigen voet schoot.

Egemont en Horne werden opgesloten in het Spanjaardenkasteel in Gent. Zij bleven trouw aan de Spaanse koning, maar werden toch op 5 juni 1568 in Brussel onthoofd.

1568

Slag bij Heiligerlee

De Slag bij Heiligerlee was het begin van de Tachtigjarige Oorlog. Het plan was om de Nederlanden aan alle kanten aan te vallen. Vanuit het zuiden zou de Normandische edelman Frans de Cocqueville oprukken, in het noorden zou Lodewijk van Nassau Nederland binnenvallen, en de graaf van Hoogstraten zou langs de grote rivieren naar Gelderland trekken. Tenslotte zou Willem van Oranje zelf in Brabant oprukken.

Maar Alva wist de Franse koning te overreden Cocqueville gevangen te nemen, en een poging van Willem van Oranje om Roermond in te nemen, mislukte faliekant. De opstandelingen werden in hun slaap verrast en leden een smadelijke nederlaag bij Dalheim, op 25 april 1568.

Het succesvolst was de poging in het noorden. Daar trokken de opstandelingen met 3.900 man bij Bellingwolde het land binnen en veroverden de Wedderborg, het slot van de Groningse stadhouder Jean de Ligne, de graaf van Aremberg. Lodewijk probeerde daarna de stad Groningen over te halen zich bij de opstandelingen aan te sluiten, maar dat lukte hem niet. Lodewijk had niet genoeg strijdkrachten om de stad te kunnen belegeren. Bovendien kwamen de troepen van Aremberg achter hem aan en bij het klooster van Heiligerlee kwam het tot een treffen. Daar wist Lodewijk door een schijnaanval de Spaansgezinden te verleiden om hem te achtervolgen. In het drassige land hadden zich de schutters verstopt. Arembergs troepen werden in de pan gehakt, zo'n 1.500 man, en ook hijzelf verloor het leven. Aan de zijde van de opstandelingen waren slechts 50 doden te betreuren, maar één van hen was Adolf van Nassau, de jongere broer van Willem en Lodewijk.

1572

De Watergeuzen veroveren Den Briel

De Opstand woedde al enige tijd, maar veel successen werden er door de opstandelingen niet behaald. De Slag bij Heiligerlee was weliswaar gewonnen, maar in de daaropvolgende Slag bij Jemmingen werd Lodewijk van Nassau vernietigend verslagen; hij moest zelfs zonder harnas de Eems over zwemmen om zijn naakte lijf te redden.

Een deel van de arme adel die had moeten vluchten voor Alva, kwam op schepen terecht en besloten van daaruit de strijd voort te zetten. Omdat Willem van Oranje hen voorzag van 'kapersbrieven', werden ze niet als piraten beschouwd. Ze noemden zichzelf dan ook de Watergeuzen. Lange tijd mochten ze gebruikmaken van Engelse havens, maar in het voorjaar van 1572 had koningin Elisabeth toch liever dat ze vertrokken.

De Watergeuzen wilden naar Texel, maar door een ongunstige wind kwamen ze bij Den Briel terecht. Daar werden ze benaderd door Jan Pietersz Koppelstok, een veerman, die vertelde dat er slechts een klein Spaans garnizoen in de stad lag. Hierop besloten de leiders, Lumey en Bloys van Treslong, de stad namens de prins van Oranje in te nemen. Burgemeester Koekebakker (*what's in a name*) weigerde de poorten te openen, waarop de Watergeuzen ze inbeukten onder de kreet: 'In naam van Oranje, doe open die poort!'

Alva was niet onder de indruk van de val van Den Briel, hij zei: '*De nada*' (Het is niets). Maar toen ook al snel Vlissingen, Dordrecht en Enkhuizen in handen van de Watergeuzen vielen, was de Tachtigjarige Oorlog echt begonnen: 'Op 1 april verloor Alva zijn Bril'.

1572

De martelaren van Gorcum

Na de inname van Den Briel volgde meteen een van de dieptepunten in de Tachtigjarige Oorlog: de moord op negentien katholieke geestelijken. Na Brielle werden ook Dordrecht en Gorcum zonder slag of stoot ingenomen. De geuzenleider Marinus Brant beloofde dat de geestelijken uit de stad een vrije aftocht kregen, maar veel fanatieke protestanten, onder wie de heer Lumey, waren het daar niet mee eens.

Negentien geestelijken werden gevangengenomen, gemarteld en tenslotte per schip naar Den Briel vervoerd. Daar werden ze weer luisterrijk met scheldkanonnades en gespuug ontvangen en in het cachot gestopt. De regenten uit de stadsraad waren ontzet en stuurden een expresbrief aan Willem van Oranje, met het verzoek in te grijpen. Willem reageerde met het bevel de gevangenen vrij te laten. Dit schrijven viel echter in handen van Lumey.

De Opstand bevond zich hiermee op een kritisch punt. Willem vertegenwoordigde het gezag, maar Lumey was de man van de daad. Terwijl op het land geen enkel succes was geboekt, hadden de Watergeuzen een aantal steden ingenomen. Toen Willem nog katholiek was en Filips steunde, was Lumey allang protestant. Waar Willem zich vooral druk maakte over de uitholling van zijn adellijke rechten, was Lumey alvast de strijd begonnen en was daarbij tevens nog een volle neef van de 'Grote Geus' Brederode.

Lumey vroeg zich dan ook – terecht – af waarom hij orders van Willem zou moeten uitvoeren. Het uiteindelijke resultaat van dit conflict was dat de negentien geestelijken bij Brielle werden opgehangen; onschuldig, alleen maar omdat ze katholiek waren.

1573

Beleg van Haarlem

Alva stuurde zijn zoon don Juan met een leger op pad om de opstandige Nederlandse steden weer in het gareel te krijgen. Dat lukte inderdaad met Mechelen, Zutphen en Naarden, die zich na de komst van de Spanjaarden vrijwillig overgaven. Maar de Spaanse troepen plunderden en roofden desalniettemin, dus toen Haarlem aan de beurt was, besloot men daar zich te verzetten.

In Haarlem was bovendien een geuzenleger van 3.000 man gelegerd, dat onder leiding stond van Wigbolt Ripperda. Meteen na aankomst besloten de Spanjaarden de noordmuur te beschieten en te bestormen. Die aanval op 18 december 1572 mislukte jammerlijk. Onder de verdedigers van de stad behoorden ook een aantal vrouwen. Kenau Simonsdochter Hasselaar, eigenaresse van een houthandel, werd een mythische figuur.

In de winter van 1573 was het makkelijk om de stad via het ijs op het Haarlemmermeer te bevoorraden, maar met de komst van de lente werd dat weer onmogelijk. De wreedheden aan beide kanten werden steeds erger. De Spanjaarden gooiden het hoofd van een gevangengenomen kapitein over de muur; in de stad werden elf Spanjaarden vermoord en in een ton gestopt. De ton werd naar het Spaanse kamp gerold, vergezeld van een briefje: Alva mocht dit beschouwen als betaling van de Tiende Penning. De elfde man was een bonus.

Uiteindelijk moesten de Haarlemmers door voedselgebrek het verzet opgeven. De burgers konden plundering van de stad voorkomen door fl. 240.000 te betalen. Alle soldaten werden echter gedood; ofwel onthoofd, ofwel per twee ruggelings aan elkaar gebonden in het Spaarne gegooid.

1573

Bij Alkmaar begint de victorie

Het verlies van Haarlem had ook zijn positieve kanten. In Alkmaar had men de tijd gehad om de vestingmuren te versterken. Vanaf april werd het vuilnis niet meer verkocht, maar gebruikt om bastions en wallen mee te versterken. Na rijp beraad liet men ook het geuzenleger onder leiding van Jacob Cabeliau toe.

Het lang opgehouden Spaanse leger begon het beleg van Alkmaar op 21 augustus. Ze probeerden de stad met een stormloop op de zwakke noordkant in te nemen. Na een zwaar bombardement met kanonnen probeerden ze de stadsgracht over te steken in wijnvaten en pramen (platbodems). Maar ze werden weerstaan door soldaten en burgers. En ook hier speelden vrouwen een belangrijke rol; er werd vooral de lof gezongen over de 16-jarige Trijn Rembrands, die als een man had gestreden. Ook ene Kitman werd geroemd; hij had met één slag van zijn zwaard beide benen van een Spaanse vaandeldrager eraf geslagen. De Spanjaarden verloren zo'n 500 man.

De Alkmaarders begrepen wel dat zij het nooit konden winnen. Dus trok stadstimmerman Van der Meij met een boodschap aan zijn pols door de vijandelijke linies. Er werd aan Diederik Sonoy, bewindvoerder in Noord-Nederland namens Willem van Oranje, gevraagd om de dijken door te steken. Sonoy voldeed aan dit verzoek, en op 8 oktober dropen de Spanjaarden af. Alkmaar was hiermee de eerste stad die de Spanjaarden militair had weten te weerstaan.

Een ander gevolg was dat Alva bij Filips II zijn ontslag indiende, officieel vanwege gezondheidsklachten, dat in december 1573 aanvaard werd.

1574

Leidens ontzet

Na de mislukking bij Alkmaar trok het Spaanse leger van Francisco de Valdez eind oktober 1573 naar Leiden. De Spanjaarden besloten om Leiden hermetisch af te sluiten en uit te hongeren. Maar daar had men zich voorbereid en grote voorraden levensmiddelen aangelegd.

Toen de nieuwe landvoogd Requesens het leger van Valdez nodig had voor de Slag op de Mookerheide, werd het beleg eind maart 1574 opgebroken. Ondanks waarschuwingen deed het stadsbestuur daarop niets. De Spaanse stellingen werden niet afgebroken, er werden geen extra soldaten in dienst genomen en er werd geen extra voedsel ingeslagen – men wachtte liever tot de prijzen wat gezakt waren. Dus toen Valdez en zijn troepen op 26 mei weer terugkeerden, konden ze gewoon doorgaan waar ze gebleven waren.

De Leidenaren raakten nu verdeeld. Ook brak de pest uit; uiteindelijk zouden 6.000 van de 18.000 inwoners van Leiden omkomen. Het was dankzij het koppige verzet van stadssecretaris Jan van Hout en burgemeester Van der Werff dat Leiden standhield; Van der Werff bood zelfs aan zijn arm af te hakken om die door het volk op te laten eten.

Ook nu werden de dijken doorgestoken, opdat het laagland bij Leiden onder water zou lopen. Heel geleidelijk begon het water inderdaad te rijzen. Op 3 oktober stortte een deel van de Koepoort in; de toch al natte Spanjaarden vreesden een uitval en sloegen massaal op de vlucht. Een kleine jongen, Cornelis Joppensz, sloop naar de Lammenschans en vond daar een klaargemaakte pot hutspot. Een paar uur later verschenen de Watergeuzen met haring en wittebrood.

1574

Slag op de Mookerheide

Tijdens de Tachtigjarige Oorlog zijn er maar verrassend weinig grote veldslagen geleverd. Het waren meer plaatselijke schermutselingen, hoewel vaak niet minder wreed en bloederig, die de oorlog beslisten.

Een grote slag vond wel plaats op de Mookerheide. Lodewijk van Nassau, de broer van Willem van Oranje, verpatste zijn laatste goederen om een huurleger op de been te brengen. Hij wilde de Spanjaarden afleiden om zodoende het beleg van Leiden te doorbreken. Dit laatste lukte inderdaad; maar tegen een hoge prijs.

Lodewijk was een van de drijvende krachten achter de opstand, meer nog dan zijn oudere broer. Hij was al langer protestant, onderhandelde met Fransen, Engelsen en geuzen en was niet te beroerd om zelf naar de wapens te grijpen. Toen in Frankrijk koning Karel IX tijdens de Bartholomeusnacht alle protestantse leiders om had laten brengen, had Lodewijk van Nassau nota bene zelfs aan landvoogd Alva voorgesteld om samen de Fransen aan te vallen!

Begin 1574 trok Lodewijk met zijn broer Hendrik en 13.000 soldaten bij Maastricht de Maas over en begon langs de rivier op te rukken totdat hij bij Mook aankwam. Toen waren er al 5.000 man gedeserteerd wegens niet-betaalde soldij. Op de Mookerheide werd het leger verrast door de Spanjaarden. Een eerste gevecht wisten de ruiters van de Staatse troepen nog te winnen. Maar de volgende dag, 14 april, werden zij volledig onder de voet gelopen; 3.000 mannen verloren hun leven, onder wie de beide broers van Willem van Oranje.

1570

Unie van Atrecht en Unie van Utrecht

In 1576 had de 'Pacificatie van Gent' plaatsgevonden, nadat onbetaalde Spaanse soldaten Antwerpen hadden geplunderd – de zogeheten 'Spaanse Furie'. De Pacificatie hield in dat alle gewesten zich verenigden achter een aantal standpunten: de Spaanse troepen moesten zich terugtrekken; de Staten-Generaal moesten bestaan uit Nederlandse edelen en mochten vergaderen wanneer ze maar wilden en Willem van Oranje zou, naast de landvoogd, fungeren als regeringsleider.

In 1570 kwam er een breuk in de gelederen. De zuidelijkste gewesten tekenden een nieuw protocol, de Unie van Atrecht. Artesië, Kamerijk, Henegouwen en Rijssels-Vlaanderen wilden zich verzoenen met de Spaanse koning en wilden dat alleen de katholieke godsdienst beleden zou worden. De nieuwe landvoogd, Alexander Farnese (zoon van Margaretha van Parma) stemde hiermee in.

Als reactie hierop werd in het noorden de Unie van Utrecht afgekondigd. Gelre, Holland, Utrecht, de Groningse Ommelanden, Friesland en een groot aantal steden, ook Vlaamse, sloten zich hierbij aan. Alleen in Den Bosch hadden ze het niet helemaal begrepen, de stad was lid van beide unies! De Unie van Utrecht behelsde onder meer gezamenlijk optreden, een gemeenschappelijk leger, dienstplicht en godsdienstvrijheid.

In 1980 kwam de Unie van Utrecht nog in gevaar, toen de stadhouder van Groningen alsnog besloot voor Filips II te kiezen; dit ging de geschiedenis in als het 'verraad van Rennenberg'. Het zou zeventien jaar duren voordat Groningen weer in de Unie van Utrecht zou worden opgenomen. In het zuiden veroverde Alexander Farnese steeds meer Vlaamse steden, zodat de scheiding tussen Noord- en Zuid-Nederland definitieve vorm begon te krijgen.

1581

Acte van Verlatinghe

Met de ondertekening van de Unie van Utrecht hadden de noordelijke provincies zich weliswaar van Filips II afgekeerd, maar dat wilde niet zeggen dat zij zonder vorst verder wilden. Maar om een nieuwe heerser aan te stellen, moest Filips wel eerst worden geschrapt als heer over de Nederlanden. Dat gebeurde met de Acte van Verlatinghe (afzwering). In deze Acte, ook wel Plakkaat genoemd, ontdeden deze provincies zich van hun landsheer omdat, zoals zij stelden, het volk er niet was voor de vorst, maar dat de vorst er was om het volk te beschermen en hun vrijheden te waarborgen. Filips had in zijn taken gefaald en hij en zijn erfgenamen werden afgezworen. In feite was deze Acte dus een onafhankelijkheidsverklaring.

De Staten-Generaal begonnen met het zoeken naar een nieuwe vorst. Eerst werd de jongste broer van de Franse koning aangezocht, Frans van Anjou. Die was nog verloofd geweest met koningin Elizabeth van Engeland, die hem de bijnaam 'mijn kikkertje' had gegeven. Maar deze heer van Anjou bleek een feestnummer en bovendien een intrigant inzake de prins van Oranje. Het feit dat hij katholiek was, viel in sommige kringen ook nog slecht, dus in 1583 werd hem verzocht weer weg te wezen.

De volgende kandidaat was een andere favoriet van Elizabeth, Robert Dudley, de graaf van Leicester. Hij bleek een catastrofale militaire leider, die de Slag bij Warnsveld verloor en ook Deventer verspeelde. In 1587 werd hem door Johan van Oldenbarnevelt verzocht het land te verlaten en besloot men alles voortaan door de Staten-Generaal zelf te laten regelen.

1584

Willem van Oranje in Delft vermoord

In 1580 werd Willem van Oranje door Filips II vogelvrij verklaard (een soort fatwa). De moordenaar zou beloond worden met 25.000 gouden kronen, zou in de adelstand worden verheven en al zijn zonden zouden vergeven worden. In 1582 vond er in Antwerpen een moordaanslag plaats door de Fransman Jean Jaureguy. De prins werd in zijn nek achter zijn oor geraakt. Jaureguy werd ter plekke doodgestoken door de hellebaardiers. Willems derde vrouw, Charlotte de Bourbon, verpleegde haar man zo intensief dat zij van uitputting een jaar later stierf.

Voor meer zekerheid ging Willem in Delft wonen. Balthasar Gerards, een Fransman die zich voordeed als gevluchte hugenoot (Franse protestant) wist het vertrouwen van de prins te winnen. Na een lunch schoot Gerards de prins van Oranje met drie pistoolschoten dood. De laatste woorden van Willem waren (in het Frans): 'Mijn God, mijn God, heb medelijken met mijn ziel en met dit arme volk.' De griffier van de Staten-Generaal tekende deze laatste woorden in het notulenboek op. Historici betwijfelen nog wel eens of de zwaargewonde prins in staat is geweest om zo'n mooie volzin uit te spreken.

Balthasar Gerards wist te ontvluchten, maar de achtervolgers kregen hem snel te pakken. Ondanks een paar dagen martelen – een gewicht van 300 pond aan beide grote tenen, gloeiende fakkels onder zijn oksels, spijkers tussen zijn nagels – toonde Gerards geen berouw. Hij werd veroordeeld tot het schavot, waar zijn hart uit zijn lichaam werd gesneden om in zijn gezicht te worden gegooid, waarna vier paarden hem vierendeelden.

1586

Van Oldenbarnevelt advocaat van den Lande

In 1885 volgde prins Maurits van Oranje zijn vermoorde vader Willem op als stadhouder van Holland en Zeeland. In vroeger tijden was de stadhouder de plaatsvervanger van de koning geweest, na het vertrek van Leicester werd Maurits in feite plaatsvervanger van niemand. Wel was hij verantwoording schuldig aan de Staten-Generaal, die in feite zijn opdrachtgevers werden. Van de Staten kreeg Maurits de militaire bevoegdheden en de nodige financiële middelen. Daarnaast had de stadhouder het recht om stadsbestuurders te benoemen – die dan weer de Staten-Generaal bevolkten. En zo was het (politieke) cirkeltje rond.

In 1586 werd de jurist Johan van Oldenbarnevelt benoemd tot 'advocaat van den Lande', landsadvocaat van Holland, het belangrijkste gewest. Zijn eerste taak was om de landvoogd Leicester te beteugelen, iets wat hij een jaar later keurig afrondde door hem terug naar Engeland te zenden. Van Oldenbarnevelt (die zich al vanaf 1572 inzette voor de Nederlandse zaak) was de belangrijkste schepper van de Republiek der Zeven Verenigde Nederlanden. Hij was een oude vertrouweling van Willem van Oranje geweest en ook degene die ervoor zorgde dat Maurits als stadhouder benoemd werd.

Als landsadvocaat, later meestel raadspensionaris genoemd, was Van Oldenbarnevelt tevens verantwoordelijk voor het onderhouden van buitenlandse contacten. Hij kweet zich zo goed van zijn taak dat hij de steun van Engeland en Frankrijk binnenhaalde, en zorgde bovendien voor een gezonde financiële huishouding. De verhouding met prins Maurits was in eerste instantie erg goed, hij trad op als adviseur van de jongeman en was bovendien de drijvende kracht achter enkele van Maurits' militaire successen.

1588

De Spaanse Armada

In de Nederlanden viel de stad Antwerpen definitief in 1585, landvoogd Parma boekte daarnaast nog meer militaire successen in het zuiden van het land (Brussel, Mechelen). Ondertussen beraamde Filips II een plan om Engeland met een invasie te veroveren. Een onoverwinnelijke vloot (*armada invencible*), bestaande uit 130 schepen met 30.000 manschappen, werd voor dit doel samengesteld. En na Engeland zouden de Nederlanden aan de beurt komen.

De Engelsen stelden hun eigen vloot samen, met aan het hoofd een nieuwe admiraal, de graaf van Leicester, maar die stierf plotseling, zodat hij hier geen puinhoop van kon maken. In zijn plaats werd sir Francis Drake de nieuwe aanvoerder. Het plan van de Spanjaarden was dat de hertog van Parma vanuit Duinkerken met zijn 'Vlaams leger' – het sterkste ter wereld – de Armada zou aanvullen. Maar door miscommunicatie liep alles grondig verkeerd. Daarbij blokkeerde admiraal Justinus van Nassau, een bastaardzoon van Willem van Oranje, de haven van Duinkerken met dertig vlieboten – schepen met weinig diepgang – zodat Parma nooit de zee opkwam.

Ondertussen waren de kleinere, maar veel wendbaarder Engelse schepen duidelijk de grote, logge Spaanse vloot de baas – zolang ze maar niet in formatie vochten. Ook het gebruik van 'valse hellebranders', schepen geladen met kruit en een tijdmechanisme(!), bleken zeer effectief. Men wist de Armada zelfs de Noordzee op te jagen en het Kanaal af te sluiten. In arren moede besloten de Spanjaarden maar om langs Schotland en Ierland heen te varen, alwaar zware stormen ze ook nog enorme verliezen toebrachten. Uiteindelijk kwamen slechts 67 schepen en 10.000 soldaten weer thuis.

1590

Het turfschip van Breda

Iedere oorlog kent zijn memorabele momenten, waarin met list, door toeval of door geniale capaciteiten een slag wordt gewonnen. Tijdens de Tachtigjarige Oorlog was de verovering van Breda daar een mooi voorbeeld van.

Breda was een stad die tijdens de oorlog wel zes keer door verschillende partijen werd belegerd. Adriaan van Bergen, een turfschipper die op Breda voer, kwam daar zo vaak dat zijn lading niet meer gecontroleerd werd. Prins Maurits en Johan van Oldenbarnevelt zagen wel iets in het plan om soldaten onder het turf te verstoppen en zodoende de stad bij verrassing in te nemen. Van Oldenbarnevelt benoemde Charles de Héraugière tot bevelhebber die zich met circa zeventig mannen zou verstoppen.

Elk geniaal plan gaat wel eens de mist in: bij de eerste afspraak versliep schipper Van Bergen zich en kwam te laat opdagen. De dag erna ging het wel door, maar toen kreeg Van Bergen een aanvaring waardoor er veel water in het schip liep en de koude soldaten helemaal verkleumden. Rond middernacht kwamen ze te voorschijn, botsten tegen een Italiaanse huursoldaat op (die een baal turf wilde stelen) en overrompelden het Spaanse leger in de stad. De volgende dag trok Maurits de stad binnen en wist die in handen te houden, ook al doordat Van Oldenbarnevelt de stad meteen liet bevoorraden.

Vanaf 1588 hadden de Opstandelingen tien jaar lang het tij mee; ze veroverden in die tijd, naast Breda, ook nog een flink aantal andere steden, vooral in het oosten en noorden van het land.

1596

Overwintering op Nova Zembla

Naast oorlog voeren hielden de Nederlanders zich bezig met het verbeteren van de handel, vooral die op Azië. Omdat de vaarwegen door de Spanjaarden bevaren werden en men dacht dat een noordelijke route wellicht korter zou zijn, probeerden de Nederlanders bovenlangs Rusland te varen. Op 10 mei 1596 vertrok Willem Barentsz voor een derde expeditie met twee schepen, onder bevel van Jacob van Heemskerck en Jan Cornelisz Rijp.

De expeditie splitste zich bij Bereneiland, waar Rijp naar het westen voer. Hij zag hier al snel de zinloosheid van in en besloot terug te keren. Barentsz en Heemskerck probeerden het eiland Nova Zembla (Nieuw Land) te ronden, maar kwamen vast te zitten. Men besloot dan maar te overwinteren op Nova Zembla. Daar werd van wrakhout een huis gebouwd: het Behouden Huys. Door het eenzijdige dieet van scheepsbeschuit en gezouten vlees leden de meeste mannen aan scheurbuik. Omdat de klok in het Behouden Huys al snel stukging, probeerde men met een zandloper de tijd bij te houden. Door het ombouwen van twee sloepen wist men in het voorjaar van 1597 terug te keren naar Rusland, Barentsz was onderweg echter al bezweken. Op Kola werden ze opgepikt door... Jan Cornelisz Rijp, die daar op expeditie was.

De twaalf overlevenden keerden terug naar Holland. Daar publiceerde Gerrit de Veer in 1598 zijn *Waerachtighe beschryvnghe van drie seylagien, ter werelt noyt soo vreemt ghehoort*, een bestseller die in hoge mate zou bijdragen aan de mythevorming.

Een paar maanden eerder was Cornelis de Houtman uit Azië teruggekeerd via Kaap de Goede Hoop. De noordelijke route werd nooit verder uitgeprobeerd.

1600

Slag bij Nieuwpoort

De favoriete en oudste dochter van koning Filips II moest lang wachten voordat ze kon trouwen, omdat haar vader haar niet wilde laten gaan. Ze trouwde in 1598 met Albert van Oostenrijk, kardinaal en aartsbisschop van Toledo, maar die functies moest hij hiervoor opgeven. Albert en Isabella kregen de Zuidelijke Nederlanden als bruidsschat cadeau. Een paar maanden later stierf Filips II.

De Noordelijke Nederlanden hadden nog steeds schulden lopen bij Engeland. Om die in te lossen, kwam Van Oldenbarnevelt met het plan om Duinkerken te veroveren, van waaruit vele kapers (met kapersbrieven van de Spanjaarden) het leven van de Hollanders en Engelsen zuur maakten op zee. Duinkerken zou dan aan de Engelsen gegeven worden. Maurits voelde hier niet veel voor, maar liet zich toch op weg sturen; hij was bang voor een grote confrontatie met de Spanjaarden. Inderdaad kwam Albert meteen met grote aantallen manschappen op Maurits af. Bij Nieuwpoort kwam het tot een treffen tussen de Staatsen en de Spanjaarden. Door superieure militaire tactieken wist Maurits de vijand te verslaan. Maar in plaats van door te stomen richting Duinkerken, trok Maurits zich terug via Oostende en voer uiteindelijk naar Den Haag. Daar aangekomen, gaf hij Van Oldenbarnevelt een klap in het gelaat.

Om verder gezichtsverlies te ontlopen, zwoeren Albert en Isabella dat zij Oostende zouden heroveren. Isabella beloofde dat zij niet eerder haar ondergoed zou verschonen tot het zover was. Het duurde uiteindelijk drie jaar; en zo is de kleur Isabellageel ontstaan. Maar ook dit verhaal is een mythe.

1602

Oprichting van de VOC

Tot 1595 was de specerijenhandel vooral in handen van de Portugezen, omdat zij de zeekaarten voor de reis naar Azië angstvallig geheimhielden. Pas nadat Jan Huygen van Linschoten ze in het geheim kopieerde en publiceerde (in *Itinerario* en *Reys-Gheschrift*) durfde de 'Compagnie van Verre' Cornelis de Houtman er met vier schepen op uit te sturen. Toen De Houtman in 1597 met drie schepen (en 30% van de bemanning) terugkeerde, bleek dat dergelijke expedities mogelijk waren.

Er ontstonden snel meerdere compagnieën, die elkaar aan alle kanten bestreden. Dit was een doorn in het oog van Van Oldenbarnevelt, die deze Hollandse en Zeeuwse maatschappijen dwong om zich te verenigen. Op 5 maart 1602 werd de Vereenigde Oost-Indische Compagnie opgericht, de eerste naamloze vennootschap ter wereld met verhandelbare aandelen, en tevens de eerste 'multinationale onderneming'. De rechten van de VOC waren erg uitgebreid. Niet alleen mocht er handel gedreven worden, maar er mochten ook militaire acties worden ondernomen en koloniën worden gesticht.

De VOC had zes Kamers uit verschillende steden, die het startkapitaal van fl. 6,4 miljoen opbrachten. Het grootste deel kwam van Amsterdam. Aan het hoofd van de VOC stonden de bewindhebbers, de Heren XVII, waarvan Amsterdam er acht leverde – met opzet net geen meerderheid. De Heren XVII vergaderden bij toerbeurt in Amsterdam en Middelburg.

In eerste instantie was de VOC niet zo succesvol. Pas in 1610 werd het eerste dividend uitgekeerd, maar dan *in natura* op een verzadigde markt. Maar de VOC legde wel de basis voor de rest van de Gouden Eeuw.

1609

Twaalfjarig Bestand

In 1606 werden informeel de eerste besprekingen gevoerd om een wapenstilstand af te kondigen. Van Oldenbarnevelt, die een bijna lege schatkist zag, was er wel fel voor. Stadhouder prins Maurits, die dacht meer gebied te kunnen winnen, inclusief meer oorlogsbuit, was tegen. Toen de besprekingen vastliepen in 1607, stuurden de Staten-Generaal een oorlogsvloot onder leiding van vice-admiraal Jacob van Heemskerck, van Nova Zembla-faam, naar Gibraltar. Van Heemskerck vernietigde de hele Spaanse vloot, maar verloor daarbij zelf het leven. De onderhandelingen kwamen nu echter wel weer op gang.

Albert van Oostenrijk stuurde zijn militaire leider, Ambrogio Spinola, naar Rotterdam waar Spinola onderhandelde met de Admiraliteit van de Maeze (de Rotterdamse admiraliteit). Men kwam tot een vergelijk en op 9 april 1609 ging het bestand in. In de Zuidelijke Nederlanden groeide en bloeide de zwaar getroffen economie op onder het bewind van Albert en Isabella.

In de Noordelijke Nederlanden brak een godsdiensttwist uit tussen de remonstranten van Arminius en de contraremonstranten van Gomarus. De remonstranten waren wat *rekkelijker* (vrijzinniger, liberaler) omtrent levensbelangrijke vraagstukken als predestinatie (voorbeschikking), de vrije wil en de erfzonde.

Na twaalf jaar werd onderhandeld over een verlenging van het bestand. Door het overlijden van Albert ging dat niet door. De macht viel namelijk terug op de Spaanse koning Filips IV (Isabella werd landvoogdes) en de Spanjaarden stelden te zware eisen: geen handel op Oost-Indië en godsdienstvrijheid voor de katholieken in het Noorden. Men besloot daarop om de tachtig jaar gewoon vol te maken met oorlog.

1609

Kolonie Nieuw-Nederland gesticht

Henry Hudson was een Engelsman in dienst van de VOC. Ook hij wilde via een noordelijke route naar Azië varen. Maar hij voer met de *Halve Maen* naar het westen, werd bij Novia Scotia naar het zuiden geblazen en kwam op 3 september 1609 aan bij een schiereilandje dat door de plaatselijke indianen Mannahattes ('rivier van bergen') werd genoemd. Nog steeds op weg naar Azië voer hij door tot de plek waar nu Albany ligt, maar begreep toen dat dit niet de goede weg was. Op zijn tocht verwierf hij groene tabak, oesters, maïskolven, druiven, pompoenen en bever- en ottervellen. Toen vond Hudson het genoeg en ging terug naar Europa. Namens de VOC werd Manhattan geclaimd en werd er in de loop der jaren de kolonie Nieuw-Nederland gesticht.

Drie gouverneurs later werd Manhattan zelfs eigendom van de VOC. Gouverneur Peter Minuit kocht, voor de tegenwaarde van fl. 60, het eiland van de plaatselijke indianen. Minuit had wel bankbiljetten bij zich, maar daar hadden de indianen geen behoefte aan; ze ontvingen liever gouden munten, glazen parels en lappen stof. Daarnaast werd er ook met ketels, bijlen, schoffels, wampun (vulkaangesteente), priemen, mondharpen en andere goederen betaald. Voor indianen was dit hoogwaardige technologie.

Waren de indianen bezwendeld? Waarschijnlijk vonden ze zelf van niet. Zij kenden het bezit van land niet, het waren nomaden. Daarnaast kochten de Nederlanders huiden en bont van de plaatselijke bevolking. Tenslotte had de indianenstam er nu een machtige bondgenoot bij, zeker bij ruzies met naburige stammen. Kortom, dit was een goede deal.

1619

Synode van Dordrecht

Jacobus Arminius werd in 1603 hoogleraar theologie aan de Leidse Universiteit en kwam in aanvaring met zijn collega Franciscus Gomarus. Gomarus rilde van Arminius' nieuwlichterijen. Raadspensionaris Van Oldenbarnevelt wilde dat het gekrakeel op zou houden – hij wilde een eenheidskerk die zich schaarde achter de Staat.

Arminius en Gomarus vochten hun ruzie uit voor de Hoge Raad. De rechters bepaalden dat er eigenlijk niets aan de hand was, ze moesten maar zien samen te werken. Maar Gomarus zei: 'Ik zou voor de hemelpoort niet graag in Arminius' schoenen staan.' En daar stond Arminius al heel snel, want niet lang hierna overleed hij.

De arminianen hadden nu geen leider, de tegenstanders waren veel beter georganiseerd. Toch wisten de arminianen in 1610 hun ideeën op papier te zetten en naar de Staten van Holland te sturen: de remonstrantie. Binnen een jaar was er ook een contraremonstrantie. Beide kampen vroegen om bescherming van hun kerk. Van Oldenbarnevelt eiste tolerantie, maar daar zagen de contraremonstranten een groot gevaar in. Uiteindelijk werd besloten om de problemen tijdens een synode (kerkelijke vergadering) op te lossen.

De Synode (die 57 zittingen zou tellen) begon nadat de inmiddels remonstrantse Van Oldenbarnevelt en Hugo de Groot waren gearresteerd. Ook werden de remonstranten niet uitgenodigd, maar gedagvaard. De voorzitter, dominee Johannes Bogerman ('Alle uitwendige zaken die het vlees prikkelen, moet men ontvluchten, en eveneens de omgang met de goddelozen') was zo partijdig als de pest. Zijn laatste uitspraak was dan ook tegen de remonstranten gericht: 'Gij wordt weggezonden, gaat heen.'

1619

Johan van Oldenbarnevelt onthoofd

De tegenstellingen tussen raadspensionaris Van Oldenbarnevelt en stadhouder prins Maurits verscherpten tijdens het Twaalfjarig Bestand. In de ruzie tussen remonstranten en contraremonstranten liet Van Oldenbarnevelt zich in het remonstrantse kamp trekken. Maurits, die ook geen theologisch scherpslijper was, liep bij de contraremonstrantse partij binnen. Wellicht hadden de felle uithalen van de remonstrantse dominee Johannes Wtenbogaert er iets mee te maken. Die verweet Maurits namelijk zijn relatie met de katholieke (!) Margaretha van Mechelen, hofdame van Louise de Coligny, de laatste echtgenote van zijn vader. Van Maurits waren ook de beroemde woorden: 'Ik weet niet of de predestinatie nu blauw of groen is.'

De veelal remonstrantse regenten in Holland namen in 1617 de Scherpe Resolutie aan. Dat gaf aan de steden de kans om eigenhandig een legertje waardgelders (huurlingen) aan te trekken om contraremonstrantse onlusten de kop in te drukken – en zich eventueel te verzetten tegen het Staatse leger van Maurits.

Maurits zag hierin een aantasting van zijn militaire gezag en liet Van Oldenbarnevelt arresteren, tezamen met Hugo de Groot en nog twee anderen. De raadspensionaris werd in een showproces ter dood veroordeeld wegens hoogverraad. Van Oldenbarnevelt weigerde een gratieverzoek in te dienen; hij vond dat hij geen wetten had overtreden. Prins Maurits weigerde in te grijpen.

Op 12 mei 1619 werd de 71-jarige Van Oldenbarnevelt, steunend op zijn stok, naar het schavot geleid. Hij sprak zijn beroemde laatste woorden: 'Mannen, gelooft niet dat ik een landverrader ben, ik heb oprecht en vroom gehandeld, als een goede patriot, en zo zal ik sterven.'

1619

Jan Pietersz Coen sticht Batavia

Nederland dreef wel veel handel met de Oost-Indische archipel, maar had daar nog geen eigen vestiging. In 1610 sloot Jacques l'Hermite een verdrag met de sultan van Bantam op Java. Pieter Both, de eerste gouverneur-generaal, kreeg toestemming om een handelspost op zetten, maar mocht geen fort bouwen. In 1618 besloot Jan Pietersz Coen, de nieuwe gouverneur-generaal, de post om te bouwen tot een vesting. Om het evenwicht te bewaren, mochten toen ook de Engelsen hun handelspost versterken. Maar in december 1618 werd die Engelse nederzetting verwoest door de Nederlanders; een aansluitend treffen bleef onbeslist.

Coen snelde toen naar de Molukken om hulp te gaan halen. De bouw van het fort ging ondertussen gewoon verder, onder leiding van Pieter van den Broecke. De Javanen gijzelden Van den Broecke echter en sloten een verdrag met de Engelsen. Deze impasse werd doorbroken toen Coen terugkeerde met zeventien schepen. De Engelsen en Javanen werden verjaagd, daarna liet Coen het plaatsje Jacatra tot de grond toe afbranden en verjoeg de Jacatranen. Na deze acties was de VOC de alleenheerser over het hele gewest.

Jan Pietersz. Coen had de nieuwe plaats eigenlijk Nieuw-Hoorn willen noemen, naar zijn geboorteplaats, maar de Heren XVII kozen voor de naam Batavia. Het was Javanen niet toegestaan om Batavia te betreden, daartoe liet hij liever 600 Bandanezen overkomen (de rest van het volk van 15.000 mensen had hij uitgemoord). Ook gaf hij opdracht aan Willem Bontekoe om Chinezen uit Macao te ontvoeren. Helaas kwamen er van de circa duizend Chinezen maar enkele tientallen levend in Batavia aan.

1621

Hugo de Groot ontsnapt in een boekenkist

Hugo de Groot, Johan van Oldenbarnevelt, Rombout Hogerbeets (pensionaris van Leiden) en Gilles van Ledenberg (secretaris van Utrecht) werden bij de staatsgreep van prins Maurits gevangengenomen. Van Oldenbarnevelt stierf op het schavot, Van Ledenberg pleegde zelfmoord (en werd daarna ter dood veroordeeld), De Groot en Hogerbeets kregen levenslange gevangenisstraf.

Hugo de Groot was een wonderkind: hij dichtte op zijn achtste in het Latijn, ging op zijn elfde naar de universiteit en was als veertienjarige als diplomaat in Frankrijk op bezoek. Hij schreef ook twee baanbrekende én latere standaardwerken: *De iure belli ac pacis* ('Over het recht van oorlog en vrede') en *Mare Liberum* ('De vrije zee'). Hij was overtuigd remonstrant en woonde een tijdje in bij dominee Wtenbogaert. Na het overlijden van Jacobus Arminius publiceerde hij een lofdicht, maar door een drukfout stond er dat Arminius als 'enige' in plaats van 'allen' in de hemel zou komen. De Groot was een van de zwartste schapen volgens de contraremonstranten.

Na zijn veroordeling werd Hugo de Groot opgesloten in Slot Loevestein. Hij woonde er met zijn vrouw en dienstmeid en kreeg boeken toegestuurd om te bestuderen. Met behulp van beide vrouwen verstopte hij zich in de boekenkist toen die teruggebracht werd naar Gorcum. Zijn vlucht werd nog penibel toen zijn vrouw vergat om 's avonds een kaars aan te steken, waardoor de bewaking argwaan kreeg. Hugo de Groot verbleef de rest van zijn leven bijna geheel in het buitenland. De beroemde kist is te bewonderen in het Rijksmuseum te Amsterdam én in het Prinsenhof te Delft...

1621

Oprichting van de WIC

Een van de voorwaarden van het Twaalfjarig Bestand was dat de Republiek zich zou onthouden van overzeese handel en kolonisatie. Toen het bestand afliep, was er dus geen reden meer om zich in te houden en werd de West-Indische Compagnie opgericht. Tijdens het Twaalfjarig Bestand voer men wel op de West, maar onder vreemde vlag.

Aanvankelijk was het de Nederlanders vooral te doen om de zoutpannen in Venezuela. Men voer daarheen, schepte het schip vol en voer weer terug. De Spanjaarden stonden dit oogluikend toe. Later beconcurreerde men elkaar fel; Adriaen Block en Hans Hunthum raakten slaags in het Amerikaanse Nieuw-Nederland. In Afrika waren wel acht verschillende compagnieën actief in de koperhandel.

De WIC werd gemodelleerd als de VOC; er waren vijf kamers en het bestuur bestond uit de Heren XIX. De WIC mocht niet zoals de VOC militairen inzetten, maar een belangrijk onderdeel was wel de kaapvaart, zodat er altijd wel enkele tientallen militairen meevoeren. In Zuid-Amerika werden pogingen gedaan om een kolonie in Brazilië te stichten, maar men kwam niet veel verder dan een aantal eilandjes in het Caraïbisch gebied. De successen in de handel met Afrika waren groter, zeker toen Cornelis Jol in 1641 Luanda en Sao Tomé op de Portugezen veroverde.

Na het beëindigen van de Tachtigjarige Oorlog was het gedaan met de (lucratieve) kaapvaart. Wat overbleef was vooral de slavenhandel, zeker toen het koninkrijk Accra werd veroverd. Maar echt succesvol was de WIC nooit; in 1674 stierf de compagnie een stille dood.

1625

Stadhouder Frederik Hendrik

Het stadhouderschap was nooit een erfelijke functie geweest. Na de moord op Willem van Oranje in 1584 werd dus niet Filips Willem, de oudste zoon, stadhouder, maar werd dat zijn jongere broer Maurits. Natuurlijk speelde ook mee dat Filips Willem (deels vernoemd naar de Spaanse koning) al in 1568 door de Spanjaarden ontvoerd was en een katholieke opvoeding had genoten. Toen Filips Willem zich eindelijk vrij kon bewegen, werd hij in de Noordelijke Nederlanden nooit vertrouwd.

Na de dood van Willem van Oranje moest er voor de 'geboren prins' Maurits (de titel 'prins' was eigenlijk van Filips Willem) een baantje gezocht worden. Hij werd eerst opgenomen in de Raad van State, maar die was veel minder machtig dan de belasting heffende Staten-Generaal. In 1585, op zijn achttiende, werd Maurits benoemd tot stadhouder van Holland en Zeeland, vooral dankzij Van Oldenbarnevelt; de rest van zijn leven trachtte Maurits om (nog) meer stadhouderschappen en bezit te verwerven. Vlak voor zijn dood 'dwong' de ongetrouwde Maurits (die wel acht bastaardkinderen had) zijn halfbroer Frederik Hendrik in het huwelijk te treden met Amalia van Solms om zodoende officieel nageslacht te verwekken. Hij wilde duidelijk dat er een Oranje-dynastie gevestigd werd.

Net als Maurits was ook Frederik Hendrik de beste kandidaat voor het stadhouderschap en als kapitein-generaal (opperbevelhebber) van het leger. Frederik Hendrik voerde met Amalia welhaast een koninklijk huishouden – hij liet onder meer Huis ten Bosch en paleis Noordeinde bouwen; daarbij probeerde hij zijn kinderen te koppelen aan het Engelse koningshuis. De dynastie werd verder uitgebouwd.

1628

Piet Hein verovert de Zilvervloot

Een doelstelling van de WIC was de kaapvaart. Hiertoe werd admiraal Piet Hein met 31 schepen en 4.000 mannen uitgezonden, onder wie Witte de With en Joos van Trappen Banckert ('de gesel der Spanjaarden') met als doel de Spaanse zilvervloot te onderscheppen.

Dat het inderdaad lukte, kwam door de stormen in het Caraibisch gebied. Hein had besloten richting Florida te varen, terwijl Witte de With had voorgesteld om nog even te wachten. Vlak daarna werden de Spaanse schepen haast letterlijk tegen de Nederlandse vloot bij Cuba aangeblazen. Toen een Spaans galjoen ook nog vastliep, was er voor Hein niet veel meer te doen dan met de vijand te onderhandelen om zich over te geven – wat van een leien dakje ging. De buit was enorm: ruim fl. 11 miljoen (nu makkelijk met tien te vermenigvuldigen). De stadhouder kreeg 10%, Hein zelf fl. 6.000 en de rest van de bemanningsleden fl. 200 (waarover Witte de With terecht zeer pissig was). De WIC keerde dat jaar een dividend uit van 50%.

Het spannendst was eigenlijk nog de thuisreis. De Spanjaarden durfden Cadiz niet te verlaten, dus vestigde de Spaanse koning al zijn hoop op de kapers bij Duinkerken. Die werden door Hein ontlopen door de Engelse haven Falmouth binnen te varen. De Engelsen wisten de verleiding te weerstaan een deel van de buit in te pikken. Wel moest Hein 277 pond invoerrechten betalen, hetgeen hij weigerde. Hein bleef nog twee maanden wachten totdat hij, zonder betaling, als held naar huis kon varen.

1637

De Statenvertaling

De Synode van Dordrecht (1619) had besloten om een nieuwe Bijbelvertaling te laten maken. Voor protestanten was het gebruik van het Latijn een doorn in het oog, zij wilden de Bijbel in de volkstaal lezen. Ook voor de jonge Republiek was het belangrijk dat er één versie van de Bijbel kwam, in verband met alle godsdienstige geschillen die er reeds speelden. Daarnaast wilde men de katholieken kunnen bestrijden met het woord Gods, maar ook predikanten hadden vaak te weinig kennis van de bronteksten.

Voordat de Statenvertaling verscheen waren er al verscheidene vertalingen in omloop, de bekendste was de Luther-bijbel in het Hoogduits, die in 1562 naar het Nederlands was omgezet: de Deux-Aes-bijbel. Aangezien Maarten Luther destijds het Nieuwe Testament in elf weken vanuit het Latijn had vertaald, was enige zorg wel terecht. Al eerder had men een vertaalbesluit genomen, maar door de dood van de beoogde vertalers, onder wie de dichter van het Wilhelmus, Marxnix van St. Aldegonde, was dat nooit echt van de grond gekomen.

Het besluit van de Synode van Dordrecht werd in 1626 door de Staten-Generaal geratificeerd; zij zouden ook voor de [in deze positie] niet geringe kosten opdraaien. Zes vertalers gingen ermee aan de slag, drie voor elk Testament. Pijnpunten waren het gebruik van de naam van God (Jaweh, Jehovah of Heere) en het opnemen van apocriefe boeken.

In 1637 kwam de Statenbijbel uit. Het zou de grondslag vormen voor het Standaardnederlands, en een groot aantal woorden en uitdrukkingen aan de taal toevoegen. In twintig jaar werden er meer dan een half miljoen exemplaren van verkocht.

1639

De Zeeslag bij Duins

De Spanjaarden probeerden met een tweede Armada van 77 schepen geld en troepen in Vlaanderen aan wal te zetten. Luitenant-admiraal Maarten Harpertsz. Tromp wachtte de Spaanse vloot met dertien schepen op en wist de Armada te verjagen, zodat de Spanjaarden hun toevlucht moesten zoeken op de Engelse rede van Duins (Downs). Tromp werd ondertussen bijgestaan door de obstinate Witte de With en Joos van Trappen Banckert.

Toen spreidde Tromp een knap staaltje van psychologische oorlogsvoering tentoon. Hij prikkelde de Engelsen door te vragen waarom zij niets deden. De Spanjaarden vroeg hij waarom ze, ondanks hun superieure vuurkracht, niet wilden aanvallen. De Spaanse admiraal Oquendo klaagde dat hij beschadigingen had opgelopen en er geen reparatiemateriaal was. Hierop zond Tromp de benodigde onderdelen.

Toen moest Oquendo wel, maar hij liep in Tromps val, die ondertussen 95 schepen bij elkaar had verzameld. Zo'n twintig Spaanse schepen werden de wal op gedreven, waar ze door de Engelse bevolking geplunderd werden. Veertig andere Spaanse schepen werden vernietigd. Alles bij elkaar kwamen er zo'n 15.000 Spanjaarden om; de Republiek verloor één schip met honderd man. Toch hadden neutrale Engelse schepen de helft van de Spaanse troepen bij Duinkerken aan land weten te krijgen.

De Spaanse rol op zee was uitgespeeld, de Nederlanders beheersten de wereldzeeën. Maar dit was voor andere landen (Frankrijk, Engeland) het sein om hun vloten uit te breiden, terwijl de Nederlanders tevreden achterover leunden. 'Vadertje' Tromp werd overladen met ereprijzen, plus een bedrag van fl. 10.000. Witte de With werd afgescheept met fl. 1.000.

1647

Overlijden van Frederik Hendrik

Frederik Hendrik had een even schitterende militaire carrière gemaakt als zijn halfbroer Maurits; hij zou de geschiedenis ingaan als de 'Stedendwinger'. Maar in geloofskwesties was Frederik Hendrik heel anders dan zijn voorganger, de remonstranten kwamen schoorvoetend weer tevoorschijn en wisten een aantal belangrijke posten te bezetten. Daarnaast had Frederik Hendrik een flink aantal zuidelijke steden in het land 'bevrijd' en hij liet gewoon toe dat de mensen daar de katholieke leer aanhingen. Kortom, er heerste een zekere tolerantie wat betreft godsdienst.

In 1647 overleed de stadhouder op 63-jarige leeftijd, hij had zich zelfs, onder invloed van zijn vrouw Amalia, neergelegd bij de komende vrede met Spanje. Hij werd opgevolgd door zijn enige (levende) zoon Willem. Deze 21-jarige wilde niets liever dan een monarchie stichten en leunde daarbij zwaar op de orthodoxe calvinisten. Hij moest niets van godsdiensttolerantie hebben; in zijn eigen heerlijkheid Lingen liet hij alle katholieke priesters verwijderen en de kerken leeghalen. Die werden vervangen door dominees in kale kerken. Daarnaast was stadhouder Willem II nogal aangedaan doordat zijn Engelse schoonvader Karel I in Engeland was afgezet en onthoofd door Cromwell en de zijnen.

In 1650 probeerde Willem een staatsgreep uit te voeren. Eerst werd een vals geschrift uitgegeven, waarin stond dat de Engelsen de Hollandse regenten zouden steunen als er een conflict kwam. Ook liet hij een zestal politieke tegenstanders gevangenzetten op Slot Loevestein. Hij rukte met het leger op naar Delft en Amsterdam, maar in de mist verdwaalde een deel van zijn troepen. Spoedig daarna werd Willem II ziek en stierf.

1648

Vrede van Münster

Het jaar 1648 was erg belangrijk voor Europa; er werden twee oorlogen afgesloten door het ondertekenen van vredesverdragen. Sinds 1618 woedde namelijk ook de Dertigjarige Oorlog, voornamelijk in Duitsland waar ongeveer een derde van de bevolking omkwam, en waar ook Zweedse, Deense en Franse troepen bij betrokken waren. Bij de Vrede van Westfalen (waarvan de Vrede van Münster eigenlijk een onderdeel was) werden de vijandelijkheden gestaakt. Vanaf 1641 waren de onderhandelingen ingezet tussen Nederland en Spanje; de Spaanse staatskas was leeg en de Nederlanders begrepen dat ze veel meer konden verdienen als er vrede zou heersen.

In principe waren de twee landen er redelijk snel uit; de tekst van het Twaalfjarig Bestand werd als basis genomen. Het belangrijkste voor de Republiek der Zeven Verenigde Nederlanden was dat zij als staat erkend zouden worden – door Spanje en de rest van Europa. De grens tussen Zuid- en Noord-Nederland werd bepaald door de frontsituatie van dat moment. In Nederland werd de Nederduits gereformeerde kerk de staatskerk, alle katholieke goederen (kerken, kapellen en kloosters) vervielen aan de overheid.

De oorlogmoeë bevolking was over het algemeen erg blij met de vrede, ook bijna alle steden en provinciën stemden ermee in. Alleen Zeeland en Utrecht en de stad Leiden waren tegen. De Zeeuwen hadden daar ook wel een goede reden voor; de Schelde moest weer vrijgegeven worden, want de stad Antwerpen groeide en bloeide opnieuw ten koste van Zeeland. De vrede werd op 30 januari 1648 door Filips IV ondertekend en ging op 15 mei in.

1650

Het eerste stadhouderloze tijdperk

Stadhouder Willem II bleek aan pokken te lijden en stierf daaraan op 6 november 1650. Acht dagen vóór zijn dood was zijn zoon Willem geboren. De regenten hadden genoeg van de Oranjes en schaften het instituut stadhouder af. De Staatsen (of Loevesteiners) waren over het algemeen de gegoede burgerij die rijk was geworden door de handel. Ze waren gematigd calvinistisch en vormden een band met de oude (katholieke) adel. De Orangisten bestonden uit het gewone volk, met daarnaast nogal wat Friezen en Zeeuwen die zich ergerden aan de dominante positie van Holland. De raadspensionaris werd nu helemaal de belangrijkste man van de Republiek, vanaf 1653 was dat de buitengewoon intelligente Johan de Witt.

Het eerste stadhouderloze tijdperk werd gekenmerkt door twee oorlogen met Engeland. De eerste was tegen Cromwell en het Gemenebest, die uitbrak omdat de Staten van Holland het Engelse gezantschap dat op bezoek was, liet belagen door het Orangistische gepeupel. Na de Slag bij Terheide, waar admiraal Tromp stierf, kon de vrede getekend worden. In een geheime appendix zegde De Witt aan Cromwell toe dat er nooit meer een stadhouder zou komen.

De Tweede Engelse Oorlog ontstond doordat de Stuarts het Gemenebest omver wisten te werpen en het koningschap herstelden. Koning Karel II had nogal de pest aan de Staatsen en wilde de Hollandse handelsbelangen best schaden. Hij gebruikte zijn neefje Willem tot speelbal in het conflict. Hoe omzichtig raadspensionaris De Witt ook te werk ging, hoeveel (schijn)overwinningen hij ook boekte, het Oranjevolk bleef mokken en dreigen.

1652

Jan van Riebeeck sticht de Kaapkolonie

In 1488 voer de Portugees Bartolomeu Dias als eerste rond Kaap de Goede Hoop; hij had de zeeweg naar Azië gevonden. In 1647 leed het Nederlandse schip *Nieuw Haarlem* schipbreuk bij de Kaap en de schipbreukelingen bouwden er een klein fort: 'Zand Fort van de Kaap de Goede Hoop'. Ze verbleven er bijna een jaar, totdat zij gered werden door een vloot die op de terugweg was naar het vaderland. Op een van die schepen zat Jan van Riebeeck, chirurgijn en koopman, die teruggeroepen was omdat hij zich schuldig had gemaakt aan privéhandel (een bekend verschijnsel bij Indië-gangers).

Toen de overlevenden van de *Nieuw Haarlem* weer in Nederland waren, drongen zij er bij de VOC op aan om een verversingsstation op de Kaap te vestigen. Door de dreiging van de Eerste Engelse Oorlog ging de VOC met dit plan akkoord en Jan van Riebeeck werd aangezocht om deze expeditie te leiden. Op 6 april 1652 landde Van Riebeeck met *De Dromedaris* op de Tafelbaai. Hij ging erheen met 90 kolonisten, onder wie acht vrouwen. Hij liet het Kasteel de Goede Hoop bouwen en zorgde voor boerderijen om groente en fruit te verbouwen en vee te laten grazen.

De oorspronkelijke bewoners van de Kaap waren de Khoikhoi, door de Nederlanders Hottentotten (vanwege de klikgeluiden in hun taal) of Bosjesmannen genoemd. Toen de Khoikhoi begrepen dat de blanken wilden blijven, probeerden ze hen te verjagen. Maar de superieure vuurkracht van de blanke wapens en de komst van dodelijke ziekten als pokken, deden de strubbelingen snel afnemen.

1667

Tocht naar Chatham

Er waren al vredesonderhandelingen gaande om de Tweede Engelse Oorlog te beëindigen. De Staten-Generaal vonden het een goed plan om de Engelse vloot een lesje te leren. Admiraal Michiel de Ruyter voer met 60 schepen en 1.000 soldaten van het Korps Mariniers (het eerste ter wereld) naar de monding van de Theems en bombardeerde daar het in aanbouw zijnde Fort Sheerness. De Engelse vloot lag vanwege financiële problemen vrijwel geheel voor anker bij Chatham, op de rivier de Medway.

De vloot voer de Medway op, alwaar een ketting gespannen was om eventuele tegenstanders tegen te houden. Volgens de mythe zou kapitein Jan van Brakel met zijn *De Vreede* de ketting stuk gevaren hebben. Waarschijnlijk is Van Brakel, voorafgegaan door twee branders, er met zijn lichte schip eenvoudigweg overheen gevaren, en heeft men daarna de ketting gewoon losgemaakt. Maar Joost van den Vondel dichtte wel: 'De Batavier rukt staal, als rag, aan flarden.'

Aangekomen bij Chatham, werden dertien voornamelijk grote schepen vernietigd en werd de *HMS Royal Charles*, het vlaggenschip en de trots van de Engelse vloot, geënterd en meegesleept naar Nederland. Het was de grootste Engelse nederlaag op zee ooit.

De Vrede van Breda was daarna een makkie. Afgesproken werd dat ieder land zijn laatste veroveringen mocht behouden, zodat de Republiek Suriname mocht behouden, evenals het Molukse eiland Run en een aantal forten in Afrika. Alleen een klein stukje op het Noord-Amerikaanse continent werd afgestaan aan de Engelsen: de stad Nieuw-Amsterdam, oftewel New York.

1672

Het Rampjaar – het land is 'redeloos, radeloos en reddeloos'

Nederland was het rijkste land ter wereld, geleid door slimme regenten als Johan de Witt. Het had de machtigste vloot ter wereld, maar de landmacht was deerlijk verwaarloosd, en dat zou het land in 1672 flink opbreken.

Het was een tijd van geheime diplomatie en afspraken. In 1668 had de Republiek zich verzekerd van Engelse en Zweedse steun, zodat de Franse ambities van Lodewijk XIV (de 'Zonnekoning') in toom konden worden gehouden. Maar in 1672 had Frankrijk geheime afspraken met Engeland, zodat de Republiek er alleen voor stond. Om Zuid-Nederland te omzeilen, had Frankrijk bovendien een deal gemaakt met de bisdommen Münster en Keulen. De Fransen trokken dan ook op langs de Rijn en veroverden heel Nederland, behalve Friesland (en de stad Groningen), Holland en Zeeland.

Intern heerste er een enorme verdeeldheid. De Staatsen en de Prinsgezinden vochten met elkaar in plaats van de vijand te weerstaan. Maar toch moest Johan de Witt de 21-jarige Willem III van Oranje aanstellen als opperbevelhebber van het leger (slechts voor één veldslag). Het opgehitste gepeupel vermoordde en verminkte Johan de Witt (en zijn broer Cornelis) bij de Gevangenpoort in Den Haag. Tegenwoordig gaat men er vanuit dat Willem III daar op z'n minst van geweten heeft.

De Fransen waren druk bezig met moorden en plunderen, en met het zich vervelen in de rest van het land. Door de natte kou trokken zij zich gedeeltelijk terug. Willem III reorganiseerde het leger achter de Hollandse Waterlinie en wist in de loop van de jaren het land door diplomatie te redden.

1676

Michiel de Ruyter sneuvelt bij Sicilië

Michiel de Ruyter was onze grootste zeeheld, hij won vele zeeslagen en droeg zorg voor de modernisering van de vloot. Zijn bijnaam 'Bestevâer' (grootvader) werd hem gegeven door zijn matrozen. Michiel de Ruyter werd geboren zonder achternaam als zoon van Adriaen Michielszoon en maakte carrière als slimme stuurman en kapitein op de commerciële vaart naar de West, Afrika, de Middellandse Zee, de walvisvaart en (soms) als kaper. Begin 1652 ging De Ruyter rentenieren, maar de Admiraliteit van Zeeland deed een beroep op hem toen de Eerste Engelse Oorlog uitbrak. Hij won tegen een overmacht de Slag bij Plymouth (tegen zijn Engelse vriend George Ayscue) en werd een nationale beroemdheid. Hij bleef daarna in dienst van de Staten-Generaal, maar weigerde om opperbevelhebber te worden, ondanks heftig aandringen van zijn vriend Johan de Witt.

De Tweede Engelse Oorlog bracht hem grote roem door de Tocht naar Chatham; daarbij moet worden aangetekend dat De Ruyter tijdens die reis ziek was en nauwelijks iets heeft ondernomen. Na de moord op de gebroeders De Witt werd ook De Ruyter door het gepeupel belaagd, maar Willem III hield hem in dienst en benoemde hem tot luitenant-admiraal-generaal, een speciaal voor hem verzonnen titel.

In 1676 zond prins Willem hem naar Sicilië om de Spanjaarden bij te staan tegen de Fransen. De plichtsgetrouwe De Ruyter ging, ondanks dat hij ervan overtuigd was dat zijn vloot te klein was. Hij leverde twee onbesliste zeeslagen (Stromboli en Etna) en raakte bij de laatste gewond door een kanonskogel. Hij stierf een week later aan wondkoorts.

1688

De Glorieuze Revolutie

Lodewijk XIV was in zijn tijd een lastpak voor de andere vorsten; in zijn streven naar grootsheid kwam hij met de meesten in aanvaring. Hij intrigeerde, dreigde, flirtte en voerde oorlogen om zaken naar zijn hand te zetten. Het kwam hem dan ook goed uit toen de Engelse koning Karel II overleed die, bij gebrek aan nakomelingen, werd opgevolgd door zijn katholieke broer Jacobus II.

Jacobus probeerde in Engeland de Test Act onderuit te halen, de wet die overheidsambtenaren verplichtte om lid te zijn van de Anglicaanse Kerk. Aan de andere kant begon Lodewijk XIV een economische boycot tegen de lakenindustrie van Leiden. De Hollanders vreesden dat de Fransen en Engelsen weer zouden gaan samenspannen, net als in 1672.

Willem III was getrouwd met Maria Stuart, de protestantse dochter van Jabobus II. Willem viste naar een uitnodiging om een invasie in Engeland uit te voeren, hij had al een huurleger op de been gebracht. De fl. 7 miljoen die hiervoor nodig was, kwam van de stad Amsterdam, van joodse bankiers, en zelfs paus Innocentius XI betaalde mee; ook hij zag Lodewijk als een bedreiging.

De druppel die de protestantse emmer in Engeland deed overlopen, was de geboorte van een zoontje van Jacobus. Zeven hoogwaardigheidsbekleders, *The Immortal Seven*, nodigden Willem uit om naar Engeland te komen. Die kwam naar Londen, liet Jacobus opzettelijk naar Frankrijk ontsnappen en liet zich samen met Maria tot koning kiezen. De rechten van Willem en Maria werden wel ingeperkt door het parlement, een machtspositie die de parlementariërs nooit meer zouden weggeven.

1697

Tsaar Peter de Grote in Zaandam

De nieuwe tsaar Peter, later bijgenaamd 'de Grote', was vast van plan om zijn archaïsche land te moderniseren. Toen zijn mede-tsaar en zwakzinnige broer Ivan overleed en hij zijn krachtdadige zustere Sofia in een klooster had gestopt, ondernam hij met 260 anderen een reis naar West-Europa als (anonieme) deelnemer aan het 'Grote Gezantschap'.

In 1697 deed hij daarbij Zaandam aan, waar hij op de scheepstimmerwerf van Lijns Teeuwisz. Rogge ging werken. Hij woonde in het eenvoudige houten dijkhuisje van Gerrit Kist, een smid die eerder op de werven van Moskou had gewerkt. Al snel drong het tot de Zaandammers door dat de boomlange (2,04 meter!) Pjotr Michajlov in werkelijkheid de Russische tsaar was. Vooral de Zaandamse jeugd onthaalde de vorst 'feestelijk', ze gooiden 'met verrotte appelen en peeren, gras en andere vuijlicheden; hij kreeg een steen in zijn neck, het welck hem vrij seer dede.' Binnen een week was Peter dan ook weer vertrokken.

Hij ging naar Amsterdam waar burgemeester Nicolaas Witsen een 'stage' voor hem arrangeerde op een scheepswerf. Daar bouwde hij daadwerkelijk mee aan de *Pieter en Paul* en ontving hij een timmerdiploma. Peter was niet onder de indruk van de Hollandse techniek; ze maakten vooral handelsschepen (geen oorlogsschepen) en werkten te veel 'op het oog' en te weinig met meetapparatuur. Daarna vertrok Peter naar Engeland, waar hij ook de scheepsbouw bestudeerde, en veel meer leerde.

Naast het Tsaar Peter-huisje, was de enige blijvende invloed het gebruik van Nederlandse scheepvaarttermen in de Russische taal: boegspriet, *matros*, *forsjteven* en *sjtoerman*.

1730

Sodomietenprocessen

In 1702 volgde, na de dood van Willem III, het Tweede Stadhouderloze Tijdperk. Maar Nederland bezat nu geen charismatische leiders. De instellingen van de Republiek waren inert, gedecentraliseerd en middeleeuws, en een kleine conservatieve elite bepaalde de politieke besluitvorming. Een erg schrijnend voorbeeld van dit tijdperk waren wel de processen tegen homoseksuelen in Utrecht en Faan.

In Utrecht troffen homo's elkaar in de in 1674 ingestorte Domkerk in Utrecht. Na klachten van Josua Wils, de koster, werd er door de autoriteiten een onderzoek ingesteld en een aantal mannen werd gearresteerd. Nu was Wils een bekende ruziezoeker, dus aan zijn verhalen mocht getwijfeld worden. Dat deden de brave mannen van Utrecht echter niet meer toen zij Zacharias Wilsma onder handen namen. Hij braakte, onder enige dwang, meer namen uit, waaronder die van enkele notabelen. In Utrecht werden uiteindelijk achttien mannen terechtgesteld. Het woord 'Utrechter' is eeuwenlang synoniem geweest aan homo.

Maar de affaire werkte vooral ook op de fantasie van de calvinistische dominees, die hel en verdoemenis predikten. In heel Nederland werden 289 mannen vervolgd, van wie er 70 de doodstraf kregen. Bijzonder triest was de affaire in het Groningse Faan waar grietman Rudolf de Mepsche het vooral op aanhangers van zijn tegenstander Clant had gemunt; er werden uiteindelijk 22 doodvonnissen door wurging uitgesproken – twee mannen waren al op de pijnbank gestorven. De weduwen en wezen klaagden over Mepsche bij de stadhouder. Maar stadhouder Willem IV ondernam niets tegen hem, integendeel, hij beloonde Mepsche met het drostambt van Westerwolde.

1747

Erfstadhouder Willem IV

Soms hoef je helemaal niet zoveel te presteren om toch het hoogste doel te bereiken. Wat grote stadhouders als Maurits, Frederik Hendrik of Willem III nooit was gelukt, kreeg Willem IV in de schoot geworpen: het stadhouderschap werd erfelijk.

Willem Karel Hendrik Friso was de zoon van de Friese stadhouder Johan Willem Friso van Nassau-Dietz. Zijn vader verdronk voordat WKHF geboren werd. Willem III had zijn Friese vriend als een van zijn erfgenamen benoemd, evenals Frederik I van Pruisen. Het waren de Friezen die uiteindelijk aan het langste eind trokken. Daardoor kon Willem IV (om hem nu maar vast even zo te noemen) in het huwelijk treden met Anna van Hannover, de tweede dochter van koning George II van Engeland. Willem werd na zijn meerderjarigheid stadhouder van Gelderland en in de loop van de jaren ook van Drenthe, Groningen en Friesland.

In 1740 brak de Oostenrijkse Successieoorlog uit, doordat vele vorsten keizerin Maria Theresia wel erkenden, maar tevens aangaven dat het belachelijk was dat een vrouw aan de macht was. Frankrijk, een van de tegenstanders, viel de zuidelijke Nederlanden binnen. In de paniek die volgde en het oproer dat uitbrak onder het gepeupel en de dominees, werd Willem benoemd tot erfstadhouder van de Republiek. De oorlog in Nederland liep met een sisser af. Willem IV, die altijd al een zwakke gezondheid had gehad, stierf binnen vier jaar, in 1751. Zijn vrouw Anna nam het regentschap voor haar zoon Willem (V) op zich totdat die meerderjarig werd.

1781

Verspreiding van 'Aan het volk van Nederland'

In de nacht van 25 september 1781 ontplofte er een bom met een hoogst explosieve politieke lading: vanuit geblindeerde postkoetsen werd in alle grote steden een pamflet verspreid. De auteur van 'Aan het volk van Nederland' was anoniem – en zou dat honderd jaar blijven! In het pamflet werd de Vaderlandse geschiedenis nog eens opnieuw verteld (zoiets als dit boek eigenlijk), maar dan vanuit het perspectief van het volk.

De oude Bataven waren nog vrij en gelukkig geweest, daarna waren de graven en hertogen aan de macht gekomen, gevolgd door de Spaanse koningen. Maar ook de Oranjes, de opstandelingen, waren alleen maar uit geweest op vergroting van hun eigen macht, waarbij de dynastieke belangen prevaleerden boven het nationale belang, en ze uiteindelijk streefden naar een monarchie. Er was ook forse kritiek op stadhouder Willem V, vanwege zijn zwakke (buitenlandse) politiek, zijn openbare dronkenschappen en zijn buitenechtelijke affaires. Daarbij werden de Oranjes altijd terzijde gestaan door corrupte regenten. 'Aan het volk van Nederland' pleitte voor de ware democratie, voor de werkelijke patriotten.

De autoriteiten reageerden furieus en kondigden strenge straffen aan. Dit kon echter het succes en de herdrukken ervan niet tegenhouden.

Schrijver van dit geschrift bleek Joan Derck van der Capellen tot den Pol te zijn, een Overijsselse politicus die zich ook in het openbaar sterk maakte voor dit soort zaken. Zo pleitte hij hartstochtelijk tegen de informele benoemingspraktijken en vriendjespolitiek, tegen bevoordeling van militairen en tegen de drostendiensten (waardoor boeren tweemaal per jaar gratis diensten moesten leveren). Joan Derck stierf kort na de publicatie, in 1784.

1787

Aanhouding bij Goejanverwellesluis

In Nederland was bijna een burgeroorlog uitgebroken tussen patriotten en Orangisten. In 1785 hadden de patriottische, opstandige Staten van Holland het commando over het garnizoen van Den Haag ontnomen aan stadhouder Willem V, evenals de functie van kapitein-generaal van het leger. In arren moede verhuisde de stadhouder maar naar Nijmegen.

Iemand die het daar niet mee eens was, was de echtgenote van Willem, Wilhelmina van Pruisen. Op voorstel van Gijsbert Karel van Hogendorp vertrok zij begin mei van Nijmegen naar Den Haag in de hoop dat haar aanwezigheid de (grote) minderheid van Oranje-gezinden de moed zou geven om de orde te herstellen. Maar haar missie was allesbehalve geheim en zij werd bij Goejanverwellesluis aangehouden door het Goudse Vrijcorps, onder leiding van Cornelis Johan de Lange. De inzittenden van twee koetsen en een sjees werden opgebracht en de prinses werd vastgehouden op een boerderij. De Lange informeerde bij de Staten van Holland of Wilhelmina door mocht reizen. Zij kreeg toestemming om terug te keren naar Schoonhoven om daar op het antwoord te wachten. Na een negatief reisadvies van de Staten van Holland ging zij terug naar Nijmegen.

Ze schreef aan haar broer Frederik Willem II (bijgenaamd 'de dikke nietsnut'), de nieuwe koning van Pruisen, en vroeg hem om in te grijpen. Die deed dat onverwijld, de Hollanders waren militair geen partij. Op 20 september 1787 keerde Willem V terug in Den Haag, waarbij hij al zijn rechten terugkreeg. Voor even was alles weer bij het oude.

1794

Pichegru verovert Holland

Na de inval van de Pruisen in 1787 sloegen veel patriotten op de vlucht of werden 'op poene van den dood' verbannen, een flink aantal was erbij toen in Frankrijk in 1789 de Franse Revolutie uitbrak. De Fransen waren zeer agressief in het verdedigen van hun Revolutie, daarbij hoorde ook het veroveren van grondgebied. Tevens waren zij niet ongenegen om de patriotten te helpen ook hun maatschappij van 'vrijheid, gelijkheid en broederschap' te vestigen.

In 1793 mislukte nog een aanval op de (Oostenrijkse) Zuidelijke Nederlanden, maar in 1794 werden in Vlaanderen en Brabant de steden tot aan de grote rivieren veroverd door de Fransen, onder leiding van Jean-Charles Pichegru. Er streed ook een Bataafs leger mee, onder leiding van Herman Willem Daendels. De winter van 1795 was bijzonder koud en de grote rivieren bevroren, waardoor de Fransen rechtdoor konden lopen. Er was geen tegenstand van betekenis te bekennen, dus Pichegru heeft zich nooit hoeven afvragen: 'Wat nu?'

Stadhouder Willem V vertrok op 16 januari naar Engeland, en nam een deel van de schatkist mee. Ook deed hij de Engelsen de Republikeinse koloniën cadeau, die de Britten mooi gebruikten in de onderhandelingsbesprekingen met de Fransen. In Nederland werd de Bataafse Republiek gevestigd. Langzaam – en zeker niet zo bloederig als in Frankrijk – werden ook hier veranderingen doorgevoerd. Er kwamen onder andere een gekozen Nationale Vergadering, een nieuwe grondwet, een gecentraliseerde overheid, uniforme rechtspraak, eenheid in munten, maten en gewichten, en nog veel meer. De beperkingen aan joden en katholieken werden opgeheven.

1805

Rutger Jan Schimmelpenninck, raadspensionaris

De Bataafse Republiek heeft niet heel lang bestaan, want die werd in 1801 omgevormd tot het Bataafs Gemenebest (tot 1806). Daarna volgde nog het Koninkrijk Holland (tot 1810), maakte Nederland nog een tijdje deel uit van het Eerste Franse Keizerrijk (tot 1813) en uiteindelijk ontstond het Vorstendom der Nederlanden (na 1815).

Er bestonden, ruwweg, drie soorten politici in de Bataafse Republiek: federalisten (die niks wilden veranderen aan de provinciale soevereiniteit), unitariërs (die een centraal geleide eenheidsstaat wilden) en de moderaten (die een tussenpositie innamen). Hoewel Daendels in 1798 met twee staatsgrepen de federalisten en de extreemste unitariërs had uitgeschakeld, was dit voor de Fransen niet genoeg. De grondwet werd drastisch gewijzigd, de oude namen van de provincies keerden terug en er werd een Staatsbewind ingesteld. In 1805 stelde Napoleon Rutger Jan Schimmelpenninck, moderaat en ex-ambassadeur in Parijs en Londen, als raadspensionaris aan en gaf hem daarmee meer macht dan iemand in Nederland ooit had gehad of zou krijgen. Schimmelpenninck zorgde voor het eerste centrale bestuursapparaat in de geschiedenis, de eerste echte regering. Hij wist in de één jaar tijd die hij slechts kreeg, meer te bereiken dan anderen in de tien jaar ervoor. Er kwam een nieuw basisbelastingstelsel op allerlei roerende goederen: accijns op zout, zeep, turf, drank, graan en vlees. Er werd een kadaster ingevoerd. Er kwam een onderwijswet, waarbij de overheid steun verleende aan het openbaar onderwijs, terwijl voor het eerst in de Nederlandse geschiedenis de spelling (van Siegenbeek) en spraakkunst (van Weiland) werden gestandaardiseerd.

1806

Lodewijk Napoleon koning van Holland

In 1806 overleed ex-stadhouder Willem V, zijn zoon Frederik Willem (de latere koning Willem I) had afstand van al zijn rechten gedaan in ruil voor het Duitse vorstendom Fulda. De ongeduldige Napoleon kwam toen op het idee om zijn jongere broer, de ziekelijke Lodewijk Napoleon, op de Nederlandse troon te zetten.

Koning Lodewijk had er eigenlijk helemaal geen zin, maar besloot er toch maar het beste van te maken. Om Franse spionnen te dwarsbomen maakte hij het Nederlands tot de officiële taal in het bestuur. Zelf deed hij ook moeite om de taal onder de knie te krijgen, maar *hélas*, hij kwam niet verder dan: 'Ik ben konijn van 'Olland.'

Lodewijk deed enorm zijn best; hij zat zijn grote broer dwars toen die de dienstplicht wilde invoeren en alle handel met Engeland wilde verbieden (het 'Continentaal Stelsel'). Tevens weigerde hij de tiërcering van de staatsschuld, omdat de Nederlandse economie daar te veel onder te lijden had. Anderzijds reisde Lodewijk veel rond in het land, bevorderde de kunsten en wetenschappen door Koninklijke Academies te stichten, en verzekerde de rechten van religieuze minderheden – hij nam joden op in het ambtenarenapparaat en gaf, bijvoorbeeld, de Sint-Janskathedraal in Den Bosch terug aan de katholieken. Ook hield Lodewijk Napoleon zich bezig met belangrijke wetgeving, zoals het crimineel wetboek, het burgerlijk wetboek en het wetboek van koophandel. Op al deze terreinen toonde hij zich een doortastend bestuurder.

De koning hield ook van luxe, was wispelturig en impulsief, en een absoluut vorst – maar het volk omarmde hem, zoals hij het volk omarmde.

1807

Buskruitramp te Leiden

Op 12 januari 1807 ontplofte in het centrum van Leiden een schip dat, geladen met 17.750 kilo kruit, van Haarlem naar Delft voer. Er vielen 151 doden, meer dan 2.000 gewonden en zo'n 220 woningen werden compleet weggevaagd. Van het schip werd later alleen het anker teruggevonden. De knal was tot in Den Haag te horen.

Binnen een paar uur was koning Lodewijk Napoleon in Leiden. Hij zette de koninklijke garde aan het puinruimen, gaf bakkers in Delft opdracht om broden te bakken, liet de hofchirurg komen en richtte Huis ten Bosch in als hospitaal. Hij bleef meer dan 24 uur, terwijl hij de werkzaamheden coördineerde.

Ook daarna bemoeide de koning zich met de ramp. Soldaten die de kust moesten bewaken voor een eventuele Engelse invasie, werden ook aan het werk gezet. Hij richtte een rampenfonds op, waarin hij uit zijn privévermogen fl. 30.000 stortte. Hij organiseerde een nationale collecte die fl. 2 miljoen opbracht. De stad Leiden werd tien jaar vrijgesteld van het betalen van belasting. Hij verbood het vervoer van buskruit door dichtbevolkte gebieden.

Zijn bijnaam 'Lodewijk de Lamme' werd omgedoopt in 'Lodewijk de Goede'. Op rondreis door Noord-Holland sprak hij eens een oude man aan en zei dat hij hoopte dat men eens zijn Franse afkomst zou vergeten. Waarop de man antwoordde: 'Dat hebben we sinds Leiden al vergeten.'

Kortom, Lodewijk zette de toon voor het koningschap van latere vorsten. De gedenknaald die Lodewijk in Leiden had willen oprichten, ging niet door want dat werd door de jaloerse koning Willem I verboden.

1813

Terugkeer van de prins van Oranje

De Fransen hadden op 15 november 1813 aangegeven dat ze er genoeg van hadden om Nederland te besturen en ze benaderden Gijsbert Karel van Hoogendorp om het bewind over te nemen. Vooral om een andere buitenlandse (Engelse) bezetting te voorkomen, nam hij deze taak op zich. Hij vormde het Voorlopig Bewind, een driemanschap met Frans van der Duyn van Maasdam en Leopold van Limburg Stirum. Twee weken lang was Van Hoogendorp de ongekroonde koning van Nederland.

Een Scheveninger, de reder Jacob Pronk, had op verzoek van Van Limburg Stirum een aantal van zijn pinken (schuiten) alle windrichtingen opgestuurd om te laten melden dat het vaderland vrij was.

Op 30 november 1813 ontving Willem Frederik een uitnodiging van het Voorlopig Bewind om na 18 jaar weer voet op Nederlandse bodem te zetten als 'soeverein vorst' en niet meer als stadhouder. Dit revolutionaire idee kwam van de Engelsen, met name van minister van Buitenlandse Zaken Robert Castlereagh, en werd overgebracht door de officieren Fagel en De Perponcher. Willem Frederik was 'hoogst gelukkig' met dit verzoek.

Willem Frederik kwam aan in Scheveningen op het Engelse fregatschip *Warrior*, alwaar hij door de voerman Dirk van Duyne met paard en wagen en droge voeten op het strand werd gezet. Het eerste wat hij aankondigde was: 'Ons gemeene Vaderland is gered: De oude tyden zullen weldra herleeven.'

De eerste bepalingen in 1815 waren dan ook een Oproerwet en het aan banden leggen van de persvrijheid. Maar er kwam ook, op aandrang van Van Hoogendorp, een nieuwe grondwet.

1815

De Slag bij Waterloo

Napoleon Bonaparte keerde nog één keer terug nadat hij vanaf het eiland Elba ontsnapt was. Het 'Honderd Dagen Tijdperk' was een grote feestoptocht; de Fransen sloten zich weer massaal bij hem aan. De geallieerden, die bijeen zaten op het Congres van Wenen om Europa opnieuw te verdelen, verklaarden Napoleon meteen weer de oorlog. Het kwam tot een treffen bij Quatre Bras en Waterloo in het huidige België.

De Nederlanders speelden geen onbeduidende rol in de veldslagen. Onder leiding van de 23-jarige kroonprins Willem, stootte een zeer onervaren troepenmacht op de Fransen. Maar de geschiedenis wordt door de overwinnaars geschreven, en in het geval van Waterloo waren dat toch de Engelsen van Wellington. In de geschiedschrijving (en historische romans) komen de onzen er over het algemeen slecht vanaf en prins Willem al helemaal. Aan de andere kant raakte Willem wel degelijk gewond aan zijn schouder en werd hij, hier te lande, omschreven als de 'Held van Waterloo' – en dat is nou net ook weer een beetje overdreven. Andere Nederlanders die de veldslagen meemaakten, waren de broer (Dirk) en neef (Carel) van Gijsbert Karel van Hoogendorp – zij vochten aan de Franse zijde.

Het gevolg van Waterloo was wel dat Nederland, om als buffer te dienen voor Frankrijk, een grotere staat moest worden volgens het Congres van Wenen. De Zuidelijke Nederlanden en Luxemburg (als compensatie voor het verloren gegane Orange) werden bij het Noorden gevoegd om te komen tot het Verenigd Koninkrijk der Nederlanden.

1822

Winkel van Sinkel

In de winkel van Sinkel is alles te koop...

Op 22 april 1822 opende de Duitse ondernemer Anton Sinkel een manufacturenzaak op de Nieuwendijk in Amsterdam. Hij bezette al gauw vier panden en opende ook op het Damrak en in de Kalverstraat winkels. Nieuw aan de winkel van Sinkel was dat alles in grote uitstalkasten en etalages te zien was en dat alles geprijsd was, zodat men niet meer hoefde af te dingen. Sinkel breidde zijn waren uit met stoffen, woninginrichting, kleding en andere zaken, tot en met een drogisterij toe – een echt warenhuis avant la lettre.

Naast Sinkel waren er nog meer Duitse kooplieden/marskramers die zich in ons land vestigden rond deze tijd: Clemens en August Brenninkmeyer (C&A), Cloppenburg (van Peek &), Kreymborg, Voss en Lampe. Sinkel bleef niet alleen in Amsterdam, hij had ook filialen in Utrecht, Leeuwarden, Rotterdam en Leiden. Vooral de winkel van Sinkel in Utrecht was een blikvanger; hij liet aan de Oudegracht een nieuw pand neerzetten, waarbij vier vrouwenfiguren (kariatiden) aan de buitenkant de gevel stutten – in de volksmond fijnzinnig de 'Britse hoeren' genoemd.

Verder moet Sinkel een reclamegenie zijn geweest, want zijn versje zit in ons collectieve geheugen:

Hoeden en petten
En damescorsetten
Drop om te snoepen
En een pil om te ...

1823

De eerste ministerraad

Koning Willem I wilde een absoluut vorst zijn, maar werd opgezadeld met een grondwet. De Staten-Generaal werden opgesplitst in twee kamers: de Eerste Kamer (60 leden, allen aangewezen door de Koning) en de Tweede Kamer (110 leden, indirect gekozen door de bevolking – dat wil zeggen door mannen die genoeg verdienden en belasting betaalden om te mogen stemmen). Daarnaast waren er nog de verschillende ministers.

In 1823 stelde Willem I een Raad van Ministers in, zonder dat daar overigens een (grond)wettelijke basis voor was. Het was een adviescollege voor de Koning, het was niet zo dat er besloten werd met meerderheid van stemmen. Maar het idee dat ministers niet alleen maar onderlinge afspraken maakten en dat collega's gepasseerd zouden worden, werd hiermee omzeild. Naast de Koning was er niemand echt belangrijk in de ministerraad, maar van die mannen was toch de secretaris het belangrijkst – een minister-president bestond nog niet. De rol van secretaris werd de eerste twaalf jaar gespeeld door mr. J.G. baron de Mey van Streefkerk.

De invloed van het parlement was in die dagen begrijpelijk gering, zo werd de begroting voor tien jaar vastgesteld – en in 1822 had de Koning een Amortisatiesyndicaat ingesteld, zodat de Koning buiten het parlement om allerlei uitgaven kon doen. Hoewel Willem I, de koopman-koning, zich zeker ook verdienstelijk maakte voor de modernisering – handel en nieuwe (water)wegen – was het zo dat hij bij zijn aftreden een persoonlijk vermogen van fl. 30 miljoen had opgebouwd. De staatsschuld was precies net zo hoog.

1825

De Java-oorlog

Toen Nederland in 1811 bij Frankrijk werd ingelijfd, namen de Britten Oost-Indië over. De Britse gouverneur Stamford Raffles voerde een aantal hervormingen door, zoals het afschaffen van de tiendenplicht en het recht van de Javaanse adel om geld te vragen voor de verhuur van land. Toen de Nederlanders terugkeerden, draaiden zij die hervormingen weer terug.

Alhoewel de onvrede onder de bevolking groot was, was er toch een charismatisch leider nodig om tot een opstand te komen. Die kwam er ook in de persoon van prins Diponegoro die zowel de Javanen aansprak als de Hollanders kon tegenspreken. De prins werd door de 'stugge kaaskop' resident A.H. Smissaert gepasseerd in de opvolging als sultan van Djogjakarta. Daarnaast waren de Nederlanders zo tactloos om een weg aan te leggen over het graf van zijn voorouders heen.

Diponegoro bleek een uitstekend guerillastrijder die gemakkelijk aanhangers kon overtuigen. Daarbij paste hij de tactiek van de verschroeide aarde toe; alles werd platgebrand en vernietigd als hij ergens wegtrok, en het water werd vergiftigd. Vijf jaar lang wist Diponegoro de strijd vol te houden. Pas toen de Nederlanders een betere verdeel-en-heerstactiek toepasten op de Javaanse vorsten en de Nederlandse gouverneur-generaal De Kock niet meer achter de Javanen aanrende maar overal duurzame forten (*bentengs*) bouwde, kon hij uiteindelijk overwonnen worden.

Aan de eisen van Diponegoro – hij wilde sultan en *panotogomo* (hoofd van de islam) worden – werd niet voldaan, ook niet toen hij kwam onderhandelen. Hij werd gevangengenomen en gedeporteerd naar Makassar. De oorlog kostte het leven aan 200.000 Javanen en 8.000 Europeanen.

1830

De Belgische Revolutie

De zuidelijke Nederlanders hadden veel redenen om zich achtergesteld te voelen bij hun noordelijke landgenoten. Het begon al met de aanname van de grondwet: een meerderheid van de zuiderlingen stemde tegen, maar koning Willem I telde een aantal nee-stemmers niet mee, omdat zij volgens hem vanwege de godsdienstkwestie zo hadden gestemd. Bovendien rekende hij de afwezigen tot de ja-stemmers: 'de telling op zijn Hollands'.

Ook het feit dat de staatsschuld in het noorden zevenmaal zo hoog was, maar dat de zuiderlingen wel mee moesten betalen aan de oplossing ervan, viel niet in goede aarde. Hoewel er meer zuiderlingen dan noorderlingen waren, hadden ze allebei evenveel afgevaardigden in de Tweede Kamer, en maar één op de vier ministers kwam uit de zuidelijke provincies. Het verplichte Nederlands op scholen, in bestuur en rechtspraak, meer dienstplichtigen uit het zuiden maar minder officieren in het leger, en de koppige houding van de katholieke clerus – die de Hollanders geen kans gaven om de godsdiensten echt gelijk te stellen – waren ook goede redenen om zich af te willen scheiden. Voeg daarbij dat katholieken en liberalen een echt monsterverbond aangingen, en het wachten was op de explosie.

Op 25 augustus 1830 werd, ter ere van de 58ste verjaardag van de koning, in Brussel de opera *De Stomme van Portici* opgevoerd, waarin de volgende woorden voorkwamen: 'Aan ons land dank ik mijn leven. Ik wil vrijheid.' Dit was genoeg om een volksopstand te ontketenen en reeds op 4 oktober werd de onafhankelijkheid van België uitgeroepen.

1831

‘Dan liever de lucht in’

De Belgische Revolutie heeft tenminste één Nederlandse held opgeleverd: Jan van Speijk. Van Speijk was al vroeg wees en belandde in het Burgerweeshuis in Amsterdam. Hij werd opgeleid tot kleermaker, maar ontwikkelde zich zonder verdere opleiding tot volwaardig zeeman. Hij belandde tussen 1823 en 1825 in Nederlands-Indië waar hij deelnam aan de tweede Boni-expeditie op Celebes, waar hij de bijnaam de ‘Schrik der Roovers’ kreeg.

Toen de Belgische opstand uitbrak, was luitenant 2de klasse Van Speijk commandant van kanonnerboot no. 2, een zeilschip met één kanon aan boord. Op 27 oktober werd Antwerpen, dat zich net bij de opstandelingen had aangesloten, gebombardeerd; ook hier onderscheidde hij zich en ontving daarvoor de Militaire Willemsorde (vierde klasse). Daarna kreeg hij de opdracht om ladingen van inkomende schepen te controleren. Maar op 5 februari 1831 blies een harde wind hem naar de kadewal, waar hem een woedende menigte Antwerpse havenarbeiders opwachtte en ook gewapende burgers en militairen van het vrijcorps kwamen aanzetten. De Antwerpenaren enterden zijn boot en veroverden de vlag. Waarop Van Speijk de historische woorden sprak: ‘… een infame Brabander worden? Dan liever de lucht in!’ En hij gooide zijn brandende sigaar in een kruitvat en blies zichzelf, 27 van de 31 bemanningsleden en een onbekend aantal Antwerpenaren op.

Het lichaam van Van Speijk werd later geïdentificeerd aan de hand van zijn Willemsorde, en het werd begraven in de Grote Kerk in Amsterdam. Koning Willem I besloot dat er voortaan altijd een schip van de Koninklijke Marine Van Speijks naam zou dragen.

1831

De Tiendaagse Veldtocht

De scheiding tussen Nederland en België werd aanvankelijk door de noorderlingen aanvaard; men vond het wel goed dat die papen verdwenen waren. Vanuit Londen werd door de Europese Mogendheden een overeenkomst aan de Belgen voorgelegd, het Verdrag der XVIII Artikelen. Hierin stond de boedelscheiding beschreven waar het Belgische parlement mee instemde. Dat was ook een voorwaarde van de aangezochte koning Leopold van Saksen Coburg om de Belgische troon te gaan bezetten; hij deed dat op 21 juli 1831.

Maar in Nederland verzette koning Willem I zich. Maandenlang werd er gewerkt aan de opbouw van een strijdmacht en op 2 augustus viel Nederland België binnen. Het werd een beetje een strijd van de lamme tegen de blinde, met legers die elkaar per ongeluk ontmoeten; wel wonnen de Nederlanders alle veldslagen. De Nederlanders kwamen tot en met Leuven, maar toen werd duidelijk dat de Fransen er op uitnodiging van koning Leopold met 70.000 man aan kwamen. De Tiendaagse Veldtocht was klaar, de Nederlanders keerden terug naar huis.

De reden van deze veldtocht was niet om België te veroveren; de koning en het volk hadden alleen last van een gekwetst zelfbewustzijn. 'In tien dagen tijds werden de opgeblazene, verwatene en brooddronken Belgen op hunnen "eigen grond" door Nederlands op God en regt vertrouwende kloekhartige zonen verslagen,' zoals een militair in zijn dagboek schreef.

Het gevolg was wel dat de Nederlanders nieuwe scheidingsvoorwaarden in Londen wisten te bewerkstelligen, die beter voor hen uitpakten. Koning Leopold accepteerde de nieuwe voorwaarden, koning Willem nog steeds niet.

1839

De eerste spoorlijn Haarlem-Amsterdam

Nederland bezat een redelijke infrastructuur wat betreft vervoer. Naast de hobbelwegen voor de (post)koetsen bestond er een zeer uitgebreid waterwegennetwerk, waardoor je met de trekschuit bijna overal kon komen. In eerste instantie had men niet zo'n haast met het aanleggen van spoorwegen. In België was men sneller en al veel verder om de haven van Antwerpen met het Duitse achterland te verbinden. Het was aan koning Willem I te danken dat in 1936 de eerste plannen gemaakt werden om in Nederland een aansluiting met Duitsland tot stand te brengen. Een regeringscommissie dacht dat de spoorwegen een leuke aanvulling zouden zijn op de bestaande transportmiddelen.

De eerste spoorlijn in Nederland kwam te liggen tussen Haarlem en Amsterdam. Civiel-ingenieur W.C. Brake, in dienst bij de Hollandsche IJzeren Spoorweg Maatschappij (HIJSM) van de kooplieden L.J.J. Serrurier en R. de Chevalier, legde die aan. Twee locomotieven trokken de eerste treinen: 'De Arend' en 'De Snelheid'. Nou, snel was de trein zeker, zo'n 35 km/u, terwijl De Arend tijdens een proefrit (zonder wagons) zelfs 80 km/u had gehaald. De trein kende drie klassen, achter de locomotief kwam de derde klasse, waar men veel last had van de rook en de grootste kans had op brandgaten in de kleding; een ritje kostte fl. 0,40.

De lijn Haarlem-Amsterdam was op breedspoor gebouwd (2,24 m), analoog aan de Great Western Railway van Brunel in Groot-Brittannië. Maar toen de landen om ons heen allemaal op normaalspoor (1,45 m) bleken te gaan rijden, paste men zich hierbij aan aan de buren.

1840

Koning Willem I treedt af

Koning Willem I hield zijn 'volhardingspolitiek' – het niet willen erkennen van België als aparte staat – lang vol, pas in 1839 zette hij zijn handtekening onder de officiële documenten. Dit betekende ook dat de grondwet aangepast moest worden. Hoewel er geen grote wijzigingen waren ten opzichte van 1815 (nou ja, Holland werd gescheiden in Noord- en Zuid-Holland), kwam er toch ook een paragraaf in over de ministeriële verantwoordelijkheid en bovendien moesten de Koninklijke Besluiten voortaan voorzien zijn van een handtekening van de minister (het zogeheten 'contraseign'). Bij de behandeling van de grondwetsherziening trad voor het eerst Johan Rudolf Thorbecke op de voorgrond; hij stemde tegen alle voorstellen omdat hij vond dat die niet ver genoeg gingen.

Het verlies van België en de nieuwe grondwet vond de koning een te grote inperking van zijn macht. Hij besloot af te treden ten gunste van zijn zoon, Willem II. Daarnaast wilde hij ook nog in de echt treden met de katholieke rijksgravin Henriëtte d'Oultremont de Wégimont ('Jetje Dondermond'), een ex-hofdame van zijn overleden vrouw Wilhelmina. Vooral de religie van de nieuwe gemalin zat de Nederlanders dwars; een voorgenomen huwelijk in maart 1840 werd nog afgeblazen. Nadat hij op 7 oktober wegging en in Berlijn ging wonen, trouwde hij in februari 1841 toch nog met haar.

Koning Willem I liet een bijna berooid land achter. Om een bankroet te voorkomen, leende hij van de staat fl. 10 miljoen, tegen een rente van 3%. Op 12 november 1843 overleed Willem en hij werd bijgezet in de grafkelder van de Oranjes in Delft.

Grondwetsherziening door Thorbecke

Net als zijn vader was koning Willem II in eerste instantie een voorstander van het absolute koningschap. Toen de Tweede Kamer in 1844 voorstellen deed voor staatsrechtelijke hervormingen, werden die dan ook niet door de koning geaccepteerd. De voorstellen kwamen van de Negenmannen, een gezelschap dat bestond uit alle politieke stromingen, geleid door de liberaal J.R. Thorbecke. Maar in 1847 stemde Willem II in de Troonrede toch in met een herziening, onder voorzitterschap van de genoemde Thorbecke.

Het jaar 1848 was zeer onrustig in Europa, in Parijs brak een revolutie uit die leidde tot de Tweede Republiek. Ook in steden in Oostenrijk-Hongarije, de Duitse landen en elders eisten demonstranten een liberaler regime. Nederland was te onderontwikkeld en te arm voor een revolutie, maar toch schrok de koning danig. Hij werd, zo verklaarde hijzelf, in één nacht van conservatief tot liberaal. Dit was voor Thorbecke het sein om een echt vernieuwende grondwet te schrijven, die op 3 november 1848 werd ingevoerd.

Door de grondwet kwam er een einde aan de persoonlijke regeermacht van de koning, wel werd de Koninklijke onschendbaarheid ingevoerd. De ministers werden verantwoordelijk voor het beleid. De Tweede Kamer werd voortaan rechtstreeks gekozen, evenals gemeenteraden en Provinciale Staten, die getrapt ook de Eerste Kamer kozen (het recht van de koning op benoeming verdween). Alle vergaderingen werden openbaar en er kwam vrijheid van onderwijs, van vereniging en vergadering.

Koning Willem II accepteerde alles, zijn zoon kroonprins Willem niet, hij deed schriftelijk afstand van de troon, maar kwam daar later, helaas, op terug.

1849

Willem III volgt zijn vader op

Redelijk onverwacht stierf koning Willem II in 1849. Het was bekend dat hij zeer aangedaan was door de dood van zijn zoon Alexander, maar niemand had erop gerekend dat een nierbekkenontsteking hem fataal zou worden. De koning reisde nog naar zijn geliefde Tilburg, waar hij zelf een kasteel had willen laten bouwen, maar na een paar dagen van helse pijnen hield zijn lichaam ermee op.

Niemand van de kinderen wilde zijn erfenis aannemen, zeker niet toen tsaar Nicolaas I zich meldde als schuldeiser. Het was tenslotte zijn broer Frederik die de schulden op zich nam en vele topschilderijen verdwenen naar Rusland. Achteraf bleek dat de koning meer dan genoeg aan onroerend goed had gehad om alles makkelijk te kunnen betalen.

Kroonprins Willem zat tijdens het overlijden van zijn vader in Engeland, met zijn zwangere maîtresse. De ministers Donker Curtius en Lightenvelt moesten hem overhalen om de troon te aanvaarden. Toen hij dat deed, bleef hij zoveel mogelijk de despoot uithangen. Toen in 1853 de (katholieke) kerkelijke hiërarchie in Nederland werd hersteld, stelde minister Thorbecke voor om dat maar op z'n beloop te laten. Maar Willem III reageerde furieus en liet zich in met protestantse protesten, waardoor het kabinet-Thorbecke uiteindelijk moest aftreden. Zeker ook privé misdroeg de vorst zich deerlijk: drankmisbruik, openbare dronkenschap, gebruik van geweld, bordeelbezoek, vernielzucht, schelden en beledigen behoorden allemaal tot zijn repertoire. Er verscheen zelfs een schotschrift, getiteld *Koning Gorilla*, waarin onverholen de vloer met de koning werd aangeveegd. Het was de bestseller van het seizoen: 60.000 exemplaren.

1856

Eerste spoorwegongeluk

Vanaf de eerste spoorlijn Haarlem-Amsterdam waren er al mensen die hiervoor gewaarschuwd hadden: eens moest het misgaan. Reeds in 1843 was er een ongeval toen een locomotief ontspoorde op de niet goed gesloten spoorbrug bij Warmond. Er viel één dodelijk slachtoffer.

Op 10 augustus 1856 gebeurde er een veel groter ongeluk, waarbij ook passagiers betrokken waren. De trein van Den Haag naar Schiedam was al wat te laat en liep nog grotere vertraging op door het uitstappen van veel passagiers. Om 23.07 uur vertrok de trein. De stationschef liet de volgende trein naar Schiedam zeven minuten wachten, terwijl dat volgens het protocol tien minuten had moeten zijn. Maar de chef ging er vanuit dat die zeven minuten voldoende waren, het traject Schiedam-Rotterdam was maar acht minuten rijden.

De eerste passagierstrein botste net buiten Schiedam tegen een wagon aan die per ongeluk op het doorgaande spoor terecht was gekomen. De trein stopte en de conducteur ging op onderzoek uit. De conducteur liep daarna, tevergeefs, met zijn rode seinlamp naar achteren om eventuele achteropkomende treinen te waarschuwen. De eerste trein zette in rustig tempo zijn reis richting Rotterdam voort.

De tweede trein lag op volle snelheid en kon niet meer stoppen. Hij botste achterop de eerste trein en reed in op beide derdeklasse-wagons. Er vielen drie doden en vijf mensen raakten zwaargewond.

De aangereden trein kwam wel netjes op het perron in Rotterdam aan, men had niets van de botsing gemerkt; pas na aankomst miste men de achterste twee wagons.

1860

Verschijning van *Max Havelaar*

Volksvertegenwoordiger baron W.R. van Roëll merkte tijdens de Kamervergadering van 25 september 1860 op: 'Er is in den laatste tijd eene zekere rilling door het land gegaan, veroorzaakt door een BOEK.' Het boek waar het hier over ging, was *Max Havelaar, of de Koffi-veilingen der Nederlandsche Handel-Maatschappij* van Multatuli ('ik, die veel geleden heb'), een pseudoniem van Eduard Douwes Dekker.

Dekker was een in Nederlands-Indië ontslagen bestuursambtenaar die het corrupte regeringssysteem aanklaagde. Het ging over het plichtsverzuim van de ambtenaren, de herendiensten (werken zonder betaling, soms 66 dagen per jaar) en het cultuurstelsel. Het cultuurstelsel, ingevoerd in 1840, legde de inlanders op dat zij 20% van hun grond zouden gebruiken om producten voor de Europese markt te produceren, die dan door de Handel-Maatschappij werden verkocht. Koffie was daarvan een heel belangrijk product. De gevolgen waren armoede, verpaupering en hongersnood, want een basisproduct als rijst werd zodoende te weinig verbouwd.

Een van de vele aardige aspecten van het boek was dat het vanuit het gezichtspunt van drie personen verteld werd: de koffiemakelaar Droogstoppel, diens assistent Stern en Multatuli zelf. De beroemde eerste zin (van Droogstoppel): 'Ik ben makelaar in Koffi, en woon op de Lauriersgracht, No. 37.'

Het boek was opgedragen aan koning Willem III. Aan hem is de laatste zin van het boek ook gewijd: 'En dat daarginds Uw meer dan dertig millioenen onderdanen worden MISHANDELD EN UITGEZOGEN in *UWEN* NAAM?'

Dekker was in eerste instantie uit op eigen eerherstel, maar zijn boek sloeg in als een bom. Binnen tien jaar zou het cultuurstelsel geheel worden afgeschaft.

1863

Afschaffing van de slavernij

In Nederland had nooit, zoals in Engeland, een grote beweging bestaan om de slavernij af te schaffen. De Engelsen kregen het wel voor elkaar dat vanaf 1814 de handel in slaven werd verboden. De eersten die de slavernij afschaften, waren de Fransen na de Revolutie, maar Napoleon draaide dat snel weer terug.

Meer dan 25 jaar na de Engelsen schaften de Nederlanders in 1859 de slavernij in Nederlands-Indië af. Dat was niet zo'n enorm offer, want het was op Java toch al een aflopende zaak. Daarnaast waren er voldoende én zeer goedkope arbeidskrachten aanwezig, die men dan ook niet hoefde te huisvesten. De maatregel werd genomen door minister van Koloniën J.J. Rochussen, een ex-gouverneur-generaal van Nederlands-Indië, die zich mede liet leiden door zijn christelijk geloof.

Moeilijker lag de situatie in de West, waar de economie veelal op slaven draaide. Toch werd in Nederland, als een van de laatste landen in Europa, in 1863 een einde gemaakt aan die slavenij. Men maakte zich niet zozeer zorgen over de slaven, als wel over de slavenhouders. Zij werden dan ook gecompenseerd voor hun verlies; per slaaf werd fl. 300 betaald. Dat betekende wel dat slavenhouders die laatste maanden actief jacht maakten op loslopende slaven. De slavernij werd dan wel afgeschaft, maar de slaven moesten nog tien jaar onder staatstoezicht doorwerken om hun eigen vrijlating te betalen. In die periode zouden deze ongeschoolde mensen – die zonder deze maatregel de vrijheid niet aan zouden kunnen, dacht men – worden opgevoed tot het burgerschap, aldus de officiële verklaring.

1866

De eerste vakbond

De Industriële Revolutie kwam in Nederland wat later op gang dan in de ons omringende landen. Maar ook hier zorgde het ervoor dat het thuiswerk afkalfde en er steeds meer en grotere fabrieken ontstonden. De arbeidsomstandigheden waren over het algemeen erg slecht. Zo werd in de jaren twintig van deze eeuw het Noord-Hollands kanaal gegraven. De waterbouwkundige ging er vanuit dat er fl. 1,30 per dag aan de gravers zou worden betaald. Maar de aannemers betaalden slechts 50 cent en zorgden niet voor onderdak, zodat er wilde stakingen uitbraken. De aannemer Gerrit Huyskens schoot daarbij zelfs twee arbeiders dood, maar liet zelf ook het leven.

In 1837 werd in Breda een vereniging van drukkersknechten opgericht: Door Eendragt 't Zaam Verbonden. Het bleef allemaal heel plaatselijk, maar het was wel de eerste uiting van solidariteit en de eerste tegenkracht jegens de bazen.

In 1866 kwam de eerste landelijke vakbond van de grond, de Algemeene Nederlandse Typografen Bond. Zij streden voor gezamenlijke kassen (spaarpotten) voor ziektegevallen en in geval van overlijden. In 1871 werd deze bond omgedoopt tot het Algemeen Nederlandsch Werkliedenverbond. Deze eerste vakbonden waren niet (erg) militant en de houding ten opzichte van de werkgevers was nogal gematigd. Dat veranderde toen de eerste socialistische Sociaal-Democratische Bond in 1881 werd opgericht, en nog meer toen het Nationaal Arbeids Secretariaat in 1893 ontstond.

In 1894 kwam de eerste moderne bond van de grond, met betaalde bestuurders, een sterke stakingskas, ledenhulp en eigen acties, publicaties en scholing: de Algemeene Nederlandsche Diamantbewerkers Bond.

1868

Aanvaarding van het parlementair stelsel

Wie is er de baas, de koning of het parlement? Koning Willem III legde zich niet zomaar neer bij de veranderingen van 1848, en het kabinet-Thorbecke was al eens gevallen over het herstel van de kerkelijke hiërarchie in Nederland. In 1866 benoemde de koning ineens de minster van Koloniën Mijer tot gouverneur-generaal van Nederlands-Indië, net nadat zijn begroting door de Tweede Kamer was goedgekeurd. De Kamer pikte dit niet en aanvaardde de motie-Keuchenius, waarin deze benoeming werd afgekeurd. Hierop ontbond het kabinet (de koning) de Tweede Kamer. De nieuw gekozen Tweede Kamer werd nog een stuk linkser (liberaler in die tijd).

Een jaar later volgde een nieuw conflict. Willem III was, naast koning der Nederlanden, ook groothertog van Luxemburg. De minister van Buitenlandse Zaken, Van Zuylen van Nijevelt, had een verdrag ondertekend waarin Luxemburg neutraal werd verklaard. De Tweede Kamer was hier boos over – Nederland had hier als land geen mening over moeten geven – en keurde de begroting van Buitenlandse Zaken af. De ministers boden hierna hun ontslag aan bij de koning, maar die weigerde dit te aanvaarden. Koning en kabinet wilden de Kamer ontbinden, maar de Kamer stond dat niet toe en nam de motie Blussé van Oud Alblas aan, waarin gesteld werd dat deze ontbinding het landsbelang niet diende.

Zowel het kabinet als de Tweede Kamer bleven dus zitten. De begroting van Buitenlandse Zaken werd opnieuw verworpen. Hoewel de koning nog een derde ontbinding overwoog, durfde hij dat toch niet aan.

Voortaan was het duidelijk: de Tweede Kamer was de baas.

1869

Afschaffing van het dagbladzegel

De persvrijheid kwam niet zomaar tot stand. Vanaf de zestiende eeuw moesten de krantenmakers 'recognitie' betalen, belasting voor een verschijningsvergunning. Later volgden de 'imposten' en 'advertentiebelastingen' bij nieuwsbladen, waar een zegel op moest staan waarvoor betaald moest worden. In de Franse tijd werden dit soort belastingen nog eens flink verhoogd, en na het aantreden van koning Willem I gingen deze praktijken gewoon door.

De censuur vooraf verdween wel geleidelijk en de vrijheid van drukpers werd in de grondwet van 1848 zelfs gegarandeerd. Wel lagen krantenuitgevers nog regelmatig overhoop met de overheid. De Arnhemse uitgever van de liberale Arnhemse Courant, Carl Albert Thieme, kreeg regelmatig processen aan zijn broek en de Rotterdammer H.J.W. Thompson, die een republikeins (en Franstalig!) blad uitgaf, verdween zelf voor vijf jaar achter de tralies 'wegens begunstiging van de vijand'.

Maar het dagbladzegel (zo'n 45% van de totaalprijs) zorgde ervoor dat kranten te duur bleven voor het gewone volk. Door de formaten steeds kleiner te maken (de 'lilliputter-pers') kon men de verkoopprijs nog enigszins in de hand houden, totdat in 1845 alle kranten gelijkgeschakeld werden. Maar de roep om afschaffing van het dagbladzegel werd steeds luider, en in 1869 kwam het dan zover. Nu konden alle mensen voor een normale prijs lezen wat ze wilden.

De enigen die dit nog in de weg stonden, waren de donderende dominees op de preekstoelen en de *Index lobrorum prohibitorum*, de index van verboden literatuur van de katholieke gezagsdragers. Voor Nederlands-Indië gold trouwens dat men voorafgaand aan publicatie toestemming van het Binnenlands Bestuur moest verkrijgen.

1870

Afschaffing van de doodstraf

In 1860 werd het laatst overgebleven schavot in Nederland per boot vanuit Amsterdam naar Maastricht verscheept. Ook de laarzenmaker Dirk Jansen, de laatst overgebleven staatsbeul, reisde af naar Limburg. Steenbakker Joannes Nathan was het beoogde slachtoffer. Hij had zijn schoonmoeder, Sofia Corsten, doodgeslagen na een woordenwisseling over geld. Op 27 juni 1860 werd Nathan veroordeeld wegens moord; de enige daarvoor bekende straf was de doodstraf.

In een poging om gratie te krijgen van koning Willem III, bekende Nathan de moord. Dit had echter geen zin, omdat Nathan in het gratieadvies tevens omschreven stond als 'een booswicht, gelijk de geschiedrollen der misdaden er slechts zelden kenbaar maken'. Nathan werd op 31 oktober opgehangen, hij hing er een uur om er zeker van te zijn dat hij dood was. Nathan was de laatste geëxecuteerde in een niet-militaire strafzaak.

Tien jaar later, in 1870, werd de doodstraf afgeschaft en vervangen door levenslange opsluiting in het tuchthuis. Minister Van Lilaar was hier verantwoordelijk voor. Het enige verweer kwam van conservatieve en christelijke kant. Maar in de Kamerstukken stond de opmerking: 'De afschaffing der doodstraf zoude eene overwinning der beschaving zijn, eene handeling der Nederlandsche natie waardig.'

Na de Tweede Wereldoorlog werden er nog 39 mensen geëxecuteerd na veroordeling door de 'bijzondere rechtspleging'. De laatste twee waren de Duitser Artur Albrecht en de Nederlander Andries Pieters, op 21 maart 1952 op de Waalsdorpervlakte.

In 1983 werd de afschaffing van de doodstraf in de Nederlandse grondwet opgenomen, niet alleen in het Wetboek van Strafrecht, maar ook in die van het oorlogsrecht.

1871

Eerste vrouw op de universiteit

Aletta Jacobs werd geboren als zevende van de tien kinderen van arts (tevens hoedmeester) Abraham Jacobs en Anna de Jongh te Sappermeer. Op aandrang van haar vader en broer behaalde zij een diploma leerling-apotheker, waarna zij de HBS in haar woonplaats bezocht. Directeur Rensen vond het prima om haar als toehoorder toe te laten, want nergens stond dat dat niet mocht. Daarnaast was het derde kabinet-Thorbecke aan de macht gekomen, dat een liberale sfeer schiep.

Aletta Jacobs schreef dezelfde Thorbecke aan met de vraag of zij naar de universiteit van Groningen mocht gaan om geneeskunde te gaan studeren. Aangezien een (mannelijke) leerling-apotheker op de universiteit werd toegelaten vanwege zijn apothekersdiploma, deed Aletta eveneens een dergelijk beroep op de minister. Na een uitvoerige correspondentie, tevens met vader Jacobs, kreeg zij inderdaad ook die toestemming. Overeengekomen werd dat zij een jaar op proef mocht komen. Aletta Jacobs was officieel niet de eerste vrouwelijke studente, dat was Anna Maria van Schurman in 1636, die in Utrecht colleges mocht volgen. Maar Aletta was wel de eerste die afstudeerde.

Toen duidelijk werd dat Thorbecke op sterven lag, moest nog maar worden afgewacht of een eventuele opvolger net zo positief over studerende vrouwen zou denken. Aletta deed snel enkele tentamens en zond een brief, vergezeld met de goede studieresultaten, naar de minister, met het verzoek om zijn definitieve toestemming. Twee dagen na Thorbeckes dood ontving Aletta een brief met rouwrand met de instemming van Thorbecke. In een begeleidend schrijven stond dat dit zijn laatste ambtsbezigheid was geweest.

1873

Begin van de Atjeh-oorlog

Atjeh was een onafhankelijk sultanaat in het noorden van Sumatra. Nadat Nederland van Groot-Brittannië de vrije hand had gekregen om op heel Sumatra op te treden (het Sumatra-traktaat) werd besloten om de zeerovers te straffen die vanuit Atjeh opereerden. Op 26 maart 1873 werd Atjeh de oorlog verklaard en generaal-majoor Köhler voerde een militaire expeditie uit.

Die actie liep uit op een ramp, de Atjehers bleken zeer goed bewapend en getraind. Op 14 april werd Köhler gedood en werd de expeditie afgebroken. Maar in deze imperialistische tijd, waarin ieder westers land zoveel mogelijk koloniën probeerde te verkrijgen, was er wel haast geboden. De sultan van Atjeh had namelijk ook contact met de Italianen en Amerikanen. Tijdens de tweede expeditie, onder generaal Van Swieten, werd de kraton (het vorstenverblijf) van de sultan veroverd. Van Swieten verklaarde zich hiermee de winnaar van het conflict, maar dat was te vroeg gejuicht. Het zou tot 1914 duren voordat er enige rust op Atjeh ontstond, de Atjehers beweren zelf dat zij zich nooit hebben overgegeven.

De belangrijkste Nederlanders in die jarenlange oorlog (die steeds weer opvlamde en afkalfde) waren ongetwijfeld luitenant-generaal J.B. van Heutsz en zijn adviseur, de arabist Christiaan Snouck Hurgronje. In 1898 werd Van Heutsz gouverneur van Atjeh, hij voerde de doctrine van het functioneel en gedoseerd geweld in. Hij behaalde daarmee grote successen, ook al dankzij luitenant Hendrik Colijn, de latere premier. Het was tenslotte kolonel Van Daalen die zeer wreed alle verzet brak; Van Heutsz weigerde Van Daalens acties te laten onderzoeken.

1874

Het Kinderwetje van Van Houten

Het was heel gewoon om kinderen te laten werken, het was voor de meeste mensen al moeilijk genoeg om rond te komen. Maar vanuit de burgerij kwam in de jaren zestig het eerste verzet: de arts Samuel Sr. Coronel en de schrijver J.J. Cremer achtten kinderarbeid ongezond en in tegenspraak met de 'verheffing van het volk'. Cremer berichtte over Heintje 'die schreeuwt en kromt van de pijn' en over 'kindergezichtjes flets van kleur en slap van vormen' nadat hij in 1863 een Leidse stoomspinnerij had bezocht.

Het liberale Tweede Kamerlid Samuel van Houten nam de handschoen op en stelde een wet op die arbeid van kinderen onder de twaalf jaar verbood. Op zich was dit opmerkelijk, want de liberalen waren helemaal niet tegen kinderarbeid. Maar de publieke opinie keerde zich er steeds meer tegen, terwijl men ook inzag dat er in de toekomst een steeds grotere behoefte zou komen aan geschoolde arbeiders.

Het Kinderwetje werd aangenomen met een meerderheid van 64 tegen 6 stemmen. Toch was het oorspronkelijke voorstel van Van Houten flink uitgekleed; het verbod gold niet voor thuiswerken en werken op het veld. Een voorstel om een leerplicht in te voeren voor kinderen, sneuvelde ook. Het zou tot 1901 duren voordat er een algemene leerplichtwet werd ingevoerd. De wet stond dan ook al snel bekend als het 'Kinderwetje waar bitter weinig van overbleef'.

Maar het grootste probleem van het Kinderwetje was de naleving ervan. Pas nadat eind jaren tachtig de arbeidsinspectie werd opgericht, kwam daar enige vooruitgang in.

1879

Oprichting van de Antirevolutionaire Partij

Politiek was een zaak van deftige heren die zonder ruggespraak met elkaar debatteerden en discussieerden om zodoende tot een standpunt te komen. Daar kwam in 1879 verandering in toen dominee Abraham Kuyper de Anti-Revolutionaire Partij oprichtte. Kuyper greep daarmee terug op het Réveil van Willem Bilderdijk en het gedachtegoed van Groen van Prinsterer. Het antirevolutionaire van de partij was een zich afzetten tegen de ideeën van de Franse Revolutie; Kuyper en de zijnen streefden naar een door het huis van Oranje geregeerd Nederland met een sterk overheidsgezag dat uitging van Gods woord.

Abraham Kuyper, 'Abraham de Geweldige' voor zijn aanhangers, had eerder al het dagblad *De Standaard* (1872) opgericht en zou later de Vrije Universiteit (1880) stichten. Hij schreef voor de ARP het partijprogramma ('Ons Program') van 1.300 bladzijden en richtte zich vooral op het gewone gereformeerde kerkvolk ('de kleine luyden'). Het gelijkstellen van het openbaar en bijzonder (= christelijk) onderwijs was het eerste grote actiepunt. Daarbij was de politieke strategie van Kuyper die van de antithese, het bewerkstelligen van een scheidslijn tussen enerzijds de confessionelen en aan de andere kant de seculieren. Hij was dan ook de grote verzuiler die het Nederlandse politieke en sociale landschap decennialang heeft bepaald.

Zoals het een echte politieke partij betaamde, waren er natuurlijk ook ruzies en afsplitsingen. Reeds in 1894 stapte De Savornin Lohman uit de partij, want hij streefde niet naar verdere uitbreiding van het kiesrecht (waar Kuyper wel sterk voor was). Een paar jaar later richtte hij de Christelijk Historische Unie op.

1888

Eerste socialist in de Tweede Kamer

Ferdinand Domela Nieuwenhuis was een Lutherse dominee in Harlingen, Beverwijk en Den Haag. Hij had daarbij een aantal aanvaringen met ambtgenoten en kerkleden. Aangezien hij niet wist of er een hemel bestond, weigerde hij op Hemelvaartsdag te preken. Zijn eerste drie echtgenotes stierven in het kraambed en hij overleefde de meeste van zijn kinderen.

Na negen jaar verliet hij de kerk om zich te wijden aan het socialisme, daarbij geholpen door een erfenis die hem financieel onafhankelijk maakte. In plaats van preken hield hij nu lezingen, maar hij 'predikte' wel tegen de vijf K's: kerk, koning, kapitaal, kazerne en kroeg. Hij richtte het blad *Recht voor Allen* op en werd in 1887 veroordeeld wegens majesteitsschennis, omdat in zijn blad de term 'Koning Gorilla' was gebezigd en vanwege tien lege pagina's met als kopje 'Activiteiten des Konings'.

In 1888 was hij kandidaat voor de Friese Volkspartij en moest hij het in de tweede ronde opnemen tegen de liberaal Heldt. In het vuur van de strijd ontraadde Abraham Kuyper in *De Standaard* om op een liberaal te stemmen. Zodoende werd 'Us Ferlosser' bij verrassing in de Tweede Kamer gekozen. In 1891 werd hij in de verkiezingen verslagen door de liberaal Treub, die zijn zetel nog aan Nieuwenhuis wilde afstaan, maar dat werd geweigerd.

Domela Nieuwenhuis radicaliseerde verder, van socialist werd hij anarchist. Hij stierf in 1919 op 72-jarige leeftijd; hij was een van de eersten die zich liet cremeren in plaats van zich te laten begraven.

1889

Oprichting Nederlandse Voetbalbond

In 1879 kocht de 14-jarige Pim Mulier een voetbal en richtte met een aantal vriendjes de eerste Nederlandse club op: de Haarlemse Football Club (HFC). Met een Engels spelregelboekje in de hand leerden de jongens zichzelf het spel aan. Omdat hij het zat was om steeds door boze boeren achterna gezeten te worden, vroeg hij in een brief aan de burgemeester of hij het landje de Koekamp mocht huren. De burgemeester stemde toe: 'De gemeente Haarlem is bereid U de Koekamp in onderhuur af te staan als worstelperk voor U en Uw kornuitjes.'

Mulier, die in Nederland ook aan de wieg stond van de introductie van tennis, atletiek, rugby, hockey, de Elfstedentocht en de Nijmeegse Vierdaagse, stichtte in 1889 de Nederlandschen Voetbal- en Athletischen Bond. De eerste officiële kampioen in dat jaar was het Haagse HVV, die tien jaar later ook het eerste bekertoernooi, de latere KNVB-beker, won. In 1895 ging de atletiektak zijn eigen weg en bleef de NVB over. Bij het 40-jarig bestaan gaf koningin Wilhelmina de bond het predicaat 'koninklijk' – de KNVB dus.

Voetbal werd, en niet alleen in Nederland, de belangrijkste vrijetijdsbesteding. Eerst de Olympische Spelen, maar daarna vooral de Wereldkampioenschappen en Europese kampioenschappen brachten het hele land in vervoering, te beginnen met de eerste keer dat Nederland zich voor een eindtoernooi wist te plaatsen in 1938: 'We gaan naar Rome' werd de hit van het jaar (en we zouden daar nooit komen). Hoogtepunt voor Nederland was ongetwijfeld het Europees kampioenschap dat 99 jaar na de oprichting van de KNVB in Duitsland werd behaald.

1890

Koningin Emma regentes

Koning Willem III was niet alleen politiek onbehouwen, ook zijn gezinsleven was een puinhoop. Hij trouwde met zijn nicht Sophie van Württemberg, een huwelijk dat bijna eindigde in een echtscheiding. De drie zonen die uit dit huwelijk geboren werden, overleden allemaal vóór hun vader.

Toen Sophie in 1877 overleed, wilde Willem na drie maanden met de linkerhandschoen trouwen met de Franse operazangeres Emilie Ambre. Trouwen met de linkerhandschoen betekende dat de zangeres en eventuele kinderen niets zouden erven, geen titels en geen bezittingen. De koning had zijn geliefde al geïnstalleerd op een kasteeltje in Rijswijk, liet haar in zijn paleis gebruikmaken van de vertrekken van de overleden Sophie en had haar voorzien van de titel 'Comtesse D'Ambroise'. Minister Van Heekeren moest tweemaal met aftreden dreigen en de Nederlandse aristocratie moest een echt smeekschrift indienen om de koning te beletten met de 'gravin' te trouwen. De keuze viel uiteindelijk op Emma van Waldeck-Pyrmont, die ruim 40 jaar jonger was dan Willem.

Uit dit huwelijk werd een dochtertje geboren: Wilhelmina, ondanks dat de vorst aan syfilis leed en hoogstwaarschijnlijk onvruchtbaar was. Wellicht is de natuur een beetje geholpen... In 1888 ging het fysiek steeds slechter met de koning; hij trok zich terug op Paleis Het Loo, alwaar hij de staatsstukken begon te ondertekenen met zelfverzonnen pauselijke namen. Daarop benoemde het kabinet koningin Emma tot regentes, een rol die zij negen dagen speelde; toen overleed haar echtgenoot. Omdat Wilhelmina nog minderjarig was, werd haar moeder opnieuw aangezocht om als regentes op te treden, iets wat zij op zich nam tot het moment waarop Wilhelmina gekroond werd.

1894

Oprichting SDAP

In 1881 ontstond de Sociaal-Democratische Bond, een samenbundeling van een aantal plaatselijke verenigingen. Grote man was Ferdinand Domela Nieuwenhuis, hun bondsblad heette *Recht voor Allen*. De stemming binnen de SDB werd steeds anti-parlementairder. De SDB ging zelfs zover dat er in 1893 niet mee werd gedaan aan de Kamerverkiezingen.

Toch was er een grote stroming die wel geloofde in het bewandelen van het parlementaire pad, die op democratische wijze streefde naar een socialistische maatschappij waarin de arbeidersklasse een beter bestaan zou krijgen dan onder het kapitalisme. Op 26 augustus werd in lokaal de Atlas in Zwolle de Sociaal-Democratische Arbeiderspartij (SDAP) opgericht. Initiatiefnemers waren twaalf mannen, de 'Twaalf Apostelen', onder leiding van Pieter Jelles Troelstra. Hun eerste belangrijke doelen waren verkorting van de werktijden, verhoging van de lonen en, het speerpunt, verdere uitbreiding van het kiesrecht. Er was net een nieuwe kieswet in werking getreden, waardoor ongeveer de helft van alle mannelijke volwassenen boven de 25 jaar stemrecht had gekregen.

De SDAP zou zich ontwikkelen tot de grote sociaal-democratische partij van Nederland, Troelstra bleef de partij tot 1925 leiden. De SDAP was gekoppeld aan de vakvereniging NVV (Nederlands Verbond van Vakverenigingen), het AJC (de Arbeiders Jeugd Centrale, de jongerenbeweging), de VARA (Vereniging Arbeiders Radio Amateurs) en het dagblad *Het Vrije Volk*.

De oude SDB bleef verder ook een rol in het politieke landschap spelen. In 1909 vond er een afsplitsing plaats binnen de SDAP, waarbij de groep rond het blad *De Tribune* uit de partij werd gezet. Zij richtten vervolgens de Communistische Partij Holland op.

1896

De eerste auto's in Nederland

De eerste auto in Nederland was ongetwijfeld de 'zeilauto' die Simon Stevin voor prins Maurits bouwde. Daarmee reed de prins in 1602 van Scheveningen naar Petten, zo'n 75 km in twee uur.

De eerste auto met benzinemotor werd door meerderen geclaimd. Notaris J.P. Backx uit Wieringerwaard was een veelgenoemde kandidaat. Hij haalde zijn Daimler Victoria af van het Amsterdamse Weesperstation en reed ermee door de stad. Het Algemeen Handelsblad schreef: 'Een zonderling voertuig (...) 't Ding, dat verre van sierlijk was, had de snelheid van een paard in zeer matigen draf, en valt niet beter te vergelijken dan met een bedstee op wielen.' Backx richtte later de Nederlandsche Automobiel Club op.

Toch was de Haagse fotograaf Adolphe Zimmerman waarschijnlijk drie maanden eerder. Ook hij kocht een auto bij de firma Benz en Co. In februari 1896 vroeg hij bij de gemeente een vergunning aan, maar de hoofdcommissaris schreef hem terug dat volgens hem een dergelijke vergunning niet vereist was. Zimmerman haalde zijn auto af in Arnhem, alwaar honderd jaar later nog een gedenksteen werd geplaatst over deze historische gebeurtenis.

Maar uit Tilburg kwam het bericht dat de heer J.J. Bogaers, fabrikant en gemeenteraadslid, waarschijnlijk nóg iets eerder was geweest. Althans dat meldde zijn vrouw in een ingezonden brief in *Het Nieuws van de Dag*.

Geen winnaar, maar toch ook weer wel, was de Groninger Van Dam, die in de eerste puur Nederlands gemaakte wagen van de Groninger MotorRijtuigenfabriek rondreed. Hij kreeg het eerste nummerbord in Nederland. Daarop stond: 1.

1898

Inhuldiging koningin Wilhelmina

'Thans is de ure gekomen, waarin Ik Mij, te midden van Mijne trouwe Staten-Generaal, onder aanroeping van Gods heiligen Naam, zal verbinden aan het Nederlandsche Volk, tot instandhouding van zijne dierbaarste rechten en vrijheden.' Zo verklaarde prinses Wilhelmina voordat zij op 6 september (één week na haar achttiende verjaardag) in de Nieuwe Kerk op de Dam te Amsterdam werd ingehuldigd.

Toen Wilhelmina geboren werd, was zij nog geen kroonprinses; haar (half)broer Alexander leefde nog, maar hij stierf vier jaar later aan tyfusachtige koortsen. Ook Wilhelmina zou trouwens als begin twintiger aan tyfus lijden. Na Alexanders dood moest de grondwet worden aangepast, zodat de opvolging in vrouwelijke lijn ook geregeld zou zijn. Vooral de Anti-Revolutinairen van Abraham Kuyper hadden hier moeite mee; tussen koningin Wilhelmina en Kuyper is het dan ook nooit echt goed gekomen.

Toen koning Willem III stierf, liet hij het vorstenhuis in deplorabele toestand achter. Hoewel er geen republikeinse traditie in Nederland heerste, was het koningshuis op sterven na dood – en (bijna) niemand betreurde dat. Het was aan regentes koningin Emma en haar dochter om de band tussen het Oranje-huis en het volk te herstellen, en dat is gelukt.

De inhuldiging van Wilhelmina was feestelijk, de eerste filmbeelden ooit in Nederland werden ervan geschoten (maar niet *in* de kerk). De jonge vorstin had aangegeven geen cadeaus te willen ontvangen, maar de Amsterdamse burgerij bezorgde op 7 september wel de Gouden Koets – en schonk daarmee een van de krachtigste Oranje-symbolen.

1900

Paul Kruger in Nederland

De Zuid-Afrikaanse Boeren zorgden voor een opleving van het nationalisme in Nederland. Nederland had tijdens de Franse tijd de Kaapkolonie verloren aan de Engelsen. In 1834 trokken zo'n 12.000 Boeren (deels van Nederlandse afstamming) weg uit de Kaap en richtten hun eigen 'republieken' op: Natal, Oranje Vrijstaat en Transvaal. Veel reacties kwamen er niet uit Nederland, men vond de Boeren over het algemeen maar bekrompen.

In 1880 brak de Eerste Boerenoorlog uit, waarbij de Boeren de Engelsen verrassend versloegen bij Majuba en (semi-)onafhankelijkheid verwierven onder leiding van president Paul Kruger. De Boeren werden vanaf toen fel (moreel) gesteund door het Nederlandse volk, de politiek hield zich afzijdig om de Engelsen niet te irriteren.

Nadat er in Transvaal goud was gevonden, begonnen de Engelsen terug te krabbelen – en probeerden ze letterlijk de Boeren te overvallen: de Jameson Raid. Dit leidde in 1899 tot de Tweede Boerenoorlog. De Engelsen wisten de Boeren te overmeesteren, onder meer door vrouwen en kinderen onder te brengen in concentratiekampen.

De wakkere Nederlanders stelden zich deze keer nog feller aan de zijde van de Boeren op. Ook nu deden de politici weinig, maar koningin Wilhelmina was wel doortastend. Ze stuurde zelfs het oorlogsschip *De Gelderland* om de verdreven Paul Kruger op te halen. In Nederland onderging Kruger het ene grootse onthaal na het andere. Tekenend voor Wilhelmina's persoonlijke inzet was wellicht de anekdote dat Kruger een staatsbanket aangeboden kreeg. Tot ieders gruwel pakte hij zijn vingerkommetje op en dronk het leeg. Een onaangedane koningin volgde prompt zijn voorbeeld.

1903

De grote spoorwegstaking

'*Gansch het raderwerk staat stil, als uw machtige arm het wil,*' schreef de trotse SDAP-voorman Troelstra naar aanleiding van de spontane spoorwegstaking in januari 1903. De tekenaar Albert Hahn gebruikte dezelfde kreet onder een van de beroemdste politieke prenten aller tijden. Een machtige arbeider houdt met zijn hand een trein tegen, terwijl twee baasjes met hoge hoeden aan zijn broekspijpen hangen.

In de haven sloten steeds meer arbeiders zich aan bij de vakbonden. In het bedrijf Müller & Co was dat zelfs verplicht, maar bij het naburige bedrijf Blauwhoedenveem was het juist weer verboden. Het liep uit de hand toen er ruzie uitbrak tussen de werknemers van deze twee bedrijven – vakbondsmensen bij Müller werden ontslagen. Maar de solidariteit was groot, de arbeiders gingen in staking en, nog veel belangrijker, spoorwegarbeiders in Amsterdam sloten zich daarbij aan. Binnen een paar dagen was alles voorbij: de ontslagen werknemers werden weer in dienst genomen, het loon tijdens de staking werd doorbetaald en de vakbonden werden erkend.

Nu gingen de heren politici ermee aan de haal. Aan de linkerkant vochten Troelstra en Domela Nieuwenhuis elkaar de tent uit. De rechtsen waren zo geschrokken dat het kabinet-Kuyper tegenmaatregelen nam. De regering kwam met de 'worgwetten', waardoor het voor ambtenaren en werknemers in bepaalde sectoren (zoals het spoor) verboden werd om te staken. Een haastig opgericht Comité van Verweer probeerde het tij nog te keren, maar tevergeefs. De nieuwe algemene staking werd gebroken, onder meer door auto's de stilstaande posttreinen te laten vervangen en door militairen in te zetten.

1909

Geboorte prinses Juliana

Koningin Wilhelmina was in 1901 getrouwd met de vrolijke losbol prins Hendrik van Meckelenburg-Schwering. Zijn voornaamste taak binnen het huwelijk was het zorgen voor nageslacht. Hoewel prins Hendrik veel op andere vrouwen oefende, duurde het toch tot 1909 voordat er eindelijk een prinsesje geboren werd. Voordien had koningin Wilhelmina al vier miskramen gehad, onder meer in 1902 toen zij aan tyfus leed. Tevens ontsnapte de koningin en haar man in 1908 aan de dood bij een ongeluk waarbij ze met de auto tegen een tram botsten. Het volk begon dus al flink zenuwachtig te worden, ook al omdat de andere kinderen van koning Willem III niet oud waren geworden. In de coulissen liep de Duitse prins Willem Ernst Saksen-Weimar-Eisenach, een achterneef van Wilhelmina, zich al warm voor het Nederlandse koningschap.

Maar op 22 december 1908 kondigde de regering, bij monde van minister Heemskerk, aan dat de koningin 'ontwijfelbaar' in verwachting was. Hij vroeg voor de zekerheid aan de kerken om een voorbede te doen. Toen op 30 april de geboorte plaatsvond, bleef de naam van de nieuwe Oranjespruit wekenlang onbekend. Alle koningen hadden hun zoons altijd voor de zekerheid ook de naam 'Willem' meegegeven, maar koningen Wilhelmina en prins Hendrik braken met die traditie: ze noemden haar Juliana. Ze was vernoemd naar Juliana van Stolberg, de moeder van stadhouder Willem I van Oranje. Het hoe en waarom van deze naamgeving is altijd onduidelijk gebleven; wellicht hoopte het echtpaar dat Juliana die andere Juliana in kindertal zou evenaren: Juliana van Stolberg zette namelijk 17 kinderen op de wereld.

1914

Algehele mobilisatie

Na de moord op de Oostenrijks-Hongaarse troonopvolger Franz Ferdinand in Serajewo door de Servische nationalist Gavrilo Princip, liep het volledig uit de hand in Europa en daarna in de wereld. Van de 45 bestaande staten waren binnen de kortste keren 34 met elkaar in oorlog. Nederland hoorde daar niet bij, hier was men neutraal.

Natuurlijk was er vaak wel een voorkeur voor een van beide partijen. Het merendeel was anti-Engels, vooral vanwege de Boerenoorlog. De belangrijkste pro-Duitse man was ongetwijfeld de opperbevelhebber van de Nederlandse land- en zeemacht, generaal C.L. Snijders. Hij botste nogal eens met het kabinet-Cort van der Linden, maar werd tot op het laatst geruggengesteund door koningin Wilhelmina.

Op 3 augustus 1914 werd er besloten tot algehele mobilisatie, die vlotjes verliep; wellicht had dit te maken met het tapverbod dat op die dag werd afgekondigd. Er werden maar liefst een half miljoen mannen gemobiliseerd, iedereen onder de veertig die ooit in militaire dienst had gezeten. Er waren wel een aantal problemen: zo liep men niet allemaal in hetzelfde uniform, diegenen van vóór 1913 verschenen in het oude donkerblauwe kostuum. En tot op het eind van de oorlog was nog niet iedere soldaat voorzien van een stalen helm. Het vervoersprobleem werd opgelost door auto's en paarden van particulieren te huren.

Men ging er vanuit dat de oorlog voor Kerstmis wel opgelost zou zijn, maar toen dat toch aanzienlijk langer duurde, nam de onvrede onder de soldaten flink toe. Het daggeld van 16 cent (tegenover fl. 1,35 voor een sergeant) hielp zeker ook niet.

1917

De Pacificatie

Met de Pacificatie van 1917 werden twee oude problemen in één klap uit de weg geruimd: er kwam algemeen kiesrecht (wat links graag wilde) en er kwam de officiële gelijkstelling tussen openbaar en bijzonder – christelijk – onderwijs (wat rechts graag wilde). De twee zaken werden tegen elkaar uitgeruild: voordat het woord bestond, werd er dus voor het eerst uitgebreid 'gepolderd'. Men ging zelfs zover dat bij de verkiezingen van 1917 alle partijen het erover eens waren om zoveel mogelijk zittende kandidaten te laten aanblijven en dus, in het districtenstelsel dat toen bestond, geen tegenkandidaten op te stellen. Zodoende kon men in de eerste zittingsperiode van de nieuwe Kamer de grondwetswijziging er snel doorheen jagen.

Toen het kabinet-Cort van der Linden in 1913 aantrad, werden er twee commissies ingesteld die deze twee 'oude' zaken moesten regelen. Die tegenstellingen waren minder groot dan men ons bij de officiële aankondiging van de Pacificatie wilde doen geloven. Links wilde volledig kiesrecht, maar ging akkoord met mannenkiesrecht; de confessionelen wilden 'huismannenkiesrecht', voor alleen getrouwde mannen. Aangezien de leeftijd door beide partijen werd vastgesteld op 24 jaar, waren er maar enkele tienduizenden mannen die er bij de confessionelen buiten vielen.

Aan de andere kant kreeg het bijzonder onderwijs vanaf 1889 subsidies – zelfs Abraham Kuyper zei in 1904 dat de 'schoolstrijd' eigenlijk al beëindigd was.

Het slachtoffer bij de Pacificatie was de sociale wetgeving die ook op het programma stond. Door de twisten duurde het nog jaren voordat er in Nederland behoorlijk voor de minderbedeelden werd gezorgd.

1918

Een rooms-katholieke premier

De emancipatie van een onderdrukte bevolkingsgroep is nooit geheel afgerond, maar in het geval van de katholieken was de aanstelling van jhr. mr. Charles Ruijs de Beerenbrouck als premier wel een grote erkenning.

Door het aflopen van de schoolstrijd veranderde het politieke landschap danig; de liberalen die traditioneel tot de 'linkse' partijen werden gerekend – hoe conservatief ook – kwamen nu in het andere kamp terecht. De sociale kwesties begonnen de boventoon te voeren. Ook het algemeen kiesrecht met evenredige vertegenwoordiging schudde het politieke landschap door elkaar. Om te beginnen kwamen er acht partijen met één zetel in de Tweede Kamer. De sociaal-democratische SDAP won veel, maar minder dan verwacht; de grootste partij werd de katholieke RKSP (Rooms-Katholieke Staatspartij) met 30 (van de 100) zetels. De confessionelen haalden bij elkaar 52 zetels binnen.

Het was (toen nog) aan de koningin om een formateur te benoemen. Wilhelmina wilde liever een protestantse premier en zocht eerst De Savornin Lohman (al over de 80), Colijn (wilde eerst rijk worden) en Idenburg (te ziek) aan. Toen kwam de vorstin toch uit bij de RKSP; hun leider mgr. Nolens was een geestelijke, maar zover was de katholieke emancipatie nog niet gevorderd dat deze man gedoogd zou worden. Dus werd het de commissaris van de Koningin in Limburg, Ruijs de Beerenbrouck, die deze functie net had overgenomen van zijn vader. Hij zou in totaal drie kabinetten leiden, met veel rumoer en weinig succes. Of, zoals de arbeiders zongen: 'Wie maakt onze centen zoek, dat is Ruijs de Beerenbrouck.'

1918

De Vergissing van Troelstra

Pieter Jelles Troelstra, leider van de SDAP, dacht dat de revolutie hem in de schoot geworpen zou worden. Alle tekenen wezen er immers op. In het buitenland was er de geslaagde Russische Revolutie geweest, en ook in Duitsland (München, Berlijn, Kiel) hadden er al revolutionaire oprispingen plaatsgevonden.

In het legerkamp de Harskamp waren soldaten reeds in oktober in verzet gekomen; er waren barakken in de brand gestoken. Opperbevelhebber Snijders maakte de hele oorlog openlijk ruzie met het kabinet omdat hij zich bij Duitsland wilde aansluiten. Het kabinet kreeg het niet voor elkaar om hem te ontslaan, omdat koningin Wilhelmina Snijders niet kwijt wilde. De sociale onrust én de armoede in het land namen hand over hand toe.

Troelstra en de zijnen waren ernstig teleurgesteld door de verkiezingsuitslag na de invoering van het algemeen kiesrecht. Troelstra begreep dat hij via de parlementaire weg nooit de meerderheid zou krijgen. In de euforie van alle veranderingen riep hij in Rotterdam: 'Wij maken een revolutie omdat het kan en moet.' In datzelfde Rotterdam zochten burgemeester Zimmerman en enkele havenbaronnen contact met plaatselijke SDAP'ers, zo overtuigd waren zij dat die revolutie er inderdaad zou komen.

Ook in de Tweede Kamer sloeg Troelstra revolutionaire taal uit. Maar de meeste van zijn partijgenoten waren het niet met hem eens. De confessionelen brachten hun eigen achterban op de been en dat bleek het einde van elke revolutiepoging.

Troelstra zelf stortte in, zijn partijgenoot Willem Vliegen mocht de puinhoop zien op te ruimen. Het zou tot 1939 duren vooraleer de SDAP regeringsinvloed kreeg.

1918

Der Kaiser komt naar Nederland

De Duitse keizer Wilhelm II kwam op 10 november 1918 's ochtends aan bij de Limburgse grenspost te Eysden. Hij zat in een van de negen auto's die ineens voor de verbaasde douaniers stonden. De ijlings opgetrommelde garnizoenscommandant van Maastricht, majoor Van Deyl, wist ook niet wat hij ermee aan moest en begeleidde de keizer naar het station van Eysden, alwaar al snel de keizerlijke trein aan kwam rijden. De keizer kwam uit Spa, in België, en had het niet aangedurfd met de trein te reizen, uit angst voor boze omstanders.

Duitsland had de Grote Oorlog verloren, het hele volk hunkerde naar vrede. Een van de eisen van de geallieerden was dat de keizer zou aftreden – hij werd als symbool van het militaristische Duitsland beschouwd. Het had de politici en militaire top heel wat moeite gekost om Wilhelm te overtuigen. Maar in heel Duitsland braken revoluties uit, onder meer in Berlijn, vandaar dat de keizer in het neutrale Nederland terechtkwam.

De enige die het zeker heeft geweten, was de Nederlandse gezant in Brussel Van Vollenhoven, en die had het kabinet en de koningin ingelicht. Iedereen scheen verbaasd te zijn over deze ontwikkeling. Na een dag wikken en wegen werd besloten om de keizer asiel te verlenen en hij werd ondergebracht bij de met hem bevriende familie Bentinck in Amerongen. Daar tekende hij ook zijn troonsafstand.

In 1920 ging de ex-keizer in Doorn wonen, waar hij zijn laatste 21 levensjaren vooral sleet met het hakken van bomen.

1918

De Spaanse griep

De Spaanse griep ontstond door een uit China afkomstig gemuteerd varkensvirus. Slachtoffers kregen griepverschijnselen, maar dan in extreme mate – vaak met de dood tot gevolg. Over de hele wereld stierven er 20-40 miljoen mensen. Het eerste geval vond in de VS plaats in maart 1918, waarna het zich met ongekende snelheid over de hele wereld verspreidde. In verband met de oorlog werd er geen melding over gemaakt in de kranten – dit soort defaitistische verhalen wilde men liever niet aan de bevolking melden. Maar in het neutrale Spanje werd er wel over geschreven, vandaar dat het verschijnsel de naam Spaanse griep kreeg.

Er deden de wildste verhalen de ronde. De Spaanse koning had de griep gekregen, maar 's avonds een hele fles rum leeggedronken – de volgende dag voelde hij zich kiplekker, vandaar dat sindsdien het koninklijke wapenschild op het etiket van Bacardi staat afgebeeld. Er was ook het verhaal van een man die een taxi aanhield en stierf voordat hij kon instappen. En wat te denken van de keeper die een bal uit de lucht bokste, maar helaas dood neerviel. Zelfs de Amerikaanse president Wilson werd erdoor geveld; zijn geallieerde bondgenoten misbruikten zijn ziekte om de Duitsers zwaardere eisen op te leggen.

In Nederland stierven er zo'n 27.000 mensen aan de Spaanse griep, van wie meer dan de helft in november. Daarbij werd het noordoosten van ons land het strengst getroffen, vaak sloeg het toe bij mensen die met vele anderen in één ruimte woonden. Behalve de Spaanse rum was er geen werkend medicijn bekend.

1919

Invoering vrouwenkiesrecht

In de grondwet stond niets over het geslacht van bestuurders. In 1882 wilde Aletta Jacobs zich op de kieslijst laten plaatsen in Amsterdam, maar zij werd geweigerd. Dat zou, volgens de heren, 'niet in de geest van de wet' zijn zoals die bedoeld was. Voor de zekerheid werd in 1887 de grondwet aangepast, zodat inderdaad alleen maar mannen stemrecht kregen.

Terwijl dit probleem ook in het buitenland speelde – denk aan de suffragettes in Engeland – richtte Wilhelmina Drucker in 1889 de Vrije Vrouwen Vereeniging op, een socialistische club waar alleen maar vrouwen lid van konden worden. In 1891 nam Drucker deel aan de Tweede Internationale, de internationale socialistische beweging, waarin haar resolutie tot gelijkberechtiging van mannen en vrouwen werd aangenomen. Drucker zou decennia later nog naamgeefster worden van de Dolle Mina's.

In 1894 werd de Vereeniging voor Vrouwenkiesrecht opgericht, waar Aletta Jacobs de leidende kracht van zou worden. Een grote sprong voorwaarts werd ook gemaakt in 1908, toen het Derde Internationale Congres van de Wereldbond voor Vrouwenkiesrecht in Amsterdam werd gehouden. Tijdens de onderhandelingen over de Pacificatie wilden de socialisten weliswaar het recht van stemmen voor vrouwen regelen, maar dat kregen zij er niet door. Wel werd aan vrouwen passief kiesrecht toegekend, wat betekende dat vrouwen verkiesbaar zouden worden. In de Tweede Kamer werd zodoende Suze Groeneweg namens de SDAP het eerste vrouwelijke Kamerlid.

Als gevolg van de revolutionaire oprispingen van Troelstra werd het stemrecht voor vrouwen daarna snel geregeld. Vanaf 1919 werd het algemeen kiesrecht inderdaad letterlijk algemeen.

1921

Oprichting van de Rapaille Partij

In Nederland had men niet alleen algemeen stemrecht, er was ook een opkomstplicht. Men vond dat het bij de burgerplichten hoorde om te gaan stemmen (iets wat tot 1970 heeft geduurd). Deze plicht was nogal tegen het zere been van een aantal anarchisten, vrijdenkers en kunstenaars die samenkwamen in café De Uilenkelder in Amsterdam. Zij besloten op een ludieke manier de Amsterdamse gemeenteraadsverkiezingen te saboteren en richtten de Vrije Socialistische Groep op, die later werd omgedoopt in Rapaille Partij – rapaille was een duur (Oud-Frans) woord voor gepeupel.

Lijsttrekker van de nieuwe partij werd Cornelis de Gelder, een zwerver die plaatselijke bekendheid genoot als 'Had-je-me-maar'. Hij had die naam verworven nadat hij voor de gelijknamige revue van Louis Davids reclame had mogen maken op het Rembrandtplein. Nadat hij zijn kandidatuur bekend had gemaakt, werd ook het partijprogramma onthuld: 'De jajem (jenever) 5 cent, bier ook 5 cent en vrij visschen in het Vondelpark.' Nummer twee op de lijst werd de anarchistische colporteur Bertus Zuurbier. Beiden werden in de gemeenteraad gekozen.

Maar Had-je-me-maar werd wegens openbare dronkenschap opgepakt (iets wat hem dagelijks had kunnen overkomen) en verloor daarmee zijn passief kiesrecht en ook zijn raadszetel. Zuurbier gebruikte zijn raadslidmaatschap vooral vanwege het vrije tramabonnement dat hij hierdoor kreeg om zijn blaadjes te verspreiden. Hij was buiten de raad een breedsprakig en vurig spreker, maar in de raad hield hij (bijna) consequent zijn mond. 'Voor vijf gulden presentiegeld ga ik geen toespraak houden,' zei hij achteraf. Zijn waardevolste bijdrage tijdens een raadsvergadering was de opmerking: 'Kan het raam dicht?'

1925

De nacht van Kersten

In 1870 verloor de pauselijke staat al zijn grondgebied, op Vaticaanstad na, nadat Italië herenigd was door Garibaldi. In 1871 werd door het machtsverlies van de paus en uit bezuinigingsoverwegingen het gezantschap van Nederland in Vaticaanstad gesloten. In de Eerste Wereldoorlog werd er echter toch weer een gezant aangesteld, want men achtte het raadzaam om de diplomatieke contacten in verband met eventuele vredesbesprekingen weer aan te gaan.

Een van de nieuwe partijen in de Tweede Kamer na de nieuwe kieswet op basis van evenredige vertegenwoordiging, was de Staatkundig Gereformeerde Partij (SGP). De SGP was anti-katholiek en tegen vrouwenemancipatie, verplichte verzekeringen, Olympische Spelen, crematie, toneel en bioscopen. Leider van de SGP was dominee Kersten, al snel bijgestaan door de tweede man, dominee Zandt. Vanaf 1922 was het een jaarlijks ritueel dat de SGP een motie indiende om het pauselijk gezantschap weer te sluiten.

Ondertussen was het eerste kabinet-Colijn aangetreden, een coalitie tussen ARP, CHU en RKPN. In de avondvergadering van 10 november 1925 diende Kersten wederom zijn welbekende motie in. Tot ieders verrassing werd deze ditmaal ondersteund door drie CHU'ers. Dit was voor de katholieken onaanvaardbaar. Vooral dankzij tactisch stemmen van de liberale VDB van Marchant (die dit ook eerlijk toegaf) werd de motie aangenomen. Voor de vier katholieke ministers was dit aanleiding om op te stappen.

De daaropvolgende constitutionele crisis kon maar met moeite gerepareerd worden door de komst van het extraparlementaire kabinet-De Geer. Hendrik Colijn zou later nog kansen krijgen om premier te worden; in de jaren dertig was hij het viermaal.

1927

Moord op het Rembrandtplein

Rond 8 uur 's avonds schoot Tjakko Kuiper op 26 november 1927 het echtpaar Jean-Louis Pisuisse en Jenny Gilliam, die in Hotel Schiller hadden gedineerd, neer met vier schoten. Daarna schoot hij zichzelf in de borst en was op slag dood. Korte tijd later stierven ook Pisuisse en Gilliam aan hun verwondingen.

Jean-Louis Pisuisse was zonder twijfel de aartsvader van het Nederlandse cabaret; zo is hij de bedenker van de termen 'levenslied' en 'kleinkunst'. Na aanvankelijk onderwijzer te willen worden, werd hij journalist bij het Algemeen Handelsblad. Samen met collega Max Blokzijl bracht hij liedjes ten gehore. Een wereldreis bracht hem in aanraking met het Franse chanson en cabaret artistique, en met zijn grote voorbeeld Aristide Bruant. Zijn cabaretgezelschap De Kattebel was zeer succesvol. In 1914 werd Blokzijl onder de wapenen geroepen en liep hun samenwerking stuk; Blokzijl zou eveneens door de kogel sterven, als landverrader na de Tweede Wereldoorlog.

Het ging Pisuisse voor de wind, hoewel zijn (tweede) huwelijk met Fie Carelsen spaak liep; de twee 'sterren' groeiden uit elkaar. Hij trouwde op 16 juli 1927 met Jenny Gilliam die in zijn gezelschap optrad en met wie hij samen een dochtertje had. Omdat hij zich zo langzamerhand te oud achtte om nog liefdesduetten met Gilliam te zingen, werd de zanger Tjakko Kuiper daarvoor aangenomen. Gilliam en Kuiper kregen een kortstondige, maar hevige verhouding, maar uiteindelijk koos Gilliam toch voor haar echtgenoot.

Kuiper kon dit niet verkroppen en pleegde de bekendste *crime passionel* uit de vaderlandse geschiedenis, op het wandelpad achter het Rembrandt-standbeeld.

1928

Olympische Spelen in Amsterdam

Twee baronnen hadden het zo bekokstoofd: voorzitter van het Internationaal Olympisch Comité baron De Coubertin kreeg ten afscheid de Olympische Spelen in 1924 in Parijs, Nederlands IOC-lid baron Van Tuyll van Serooskerken die van 1928 in Amsterdam. Ondanks het verzet van politiek-christelijke zijde ('zondagsontheiliging' en 'toeneming der onzedelijkheid') werden de Spelen in Amsterdam wel een succes.

Er waren een aantal nieuwigheden in Amsterdam, zoals het ontsteken van het Olympisch vuur, niet door een gelauwerde topatleet, maar door een medewerker van het gasbedrijf. Ook werden de Spelen niet door het staatshoofd geopend, maar door haar echtgenoot prins Hendrik. Koningin Wilhelmina was verbolgen omdat zij (in januari 1927) niet was geraadpleegd over de exacte datum.

Veel schokkender was het toelaten van vrouwen op de atletiekbaan. Vooral de achthonderd meter hardlopen eindigde in 'een slagveld gelijk' (NRC). Het nummer werd meteen geschrapt, maar het terugdraaien van vrouwelijke deelname lukte de hoge heren niet meer.

Nederland won zes gouden medailles, waaronder een twijfelachtige voor de bokser Bep van Klaveren. Daarnaast verdiende ons land nóg drie plakken. Het Olympisch Stadion werd gebouwd door de architect Jan Wils – en hij won daarmee ook de gouden medaille in de categorie Architectuur. Isaac Israëls kreeg eenzelfde beloning voor zijn schilderij *Ruiter in rode rok*, en het echtpaar Scharten won brons met de roman *De Nar uit de Maremmen.*

Grote held van de Spelen was ongetwijfeld de Australische skiffeur Bobby Pearce. Hij lag zo ver voor dat hij in de series even stopte met roeien om een trits eendjes te laten passeren.

1932

Afsluitdijk voltooid

Reeds in de zeventiende eeuw was er een plan van Hendrik Stevin, een zoon van de beroemdere wis- en natuurkundige Simon, om de Zuiderzee in te polderen. Maar zonder stoomgemalen was dit onuitvoerbaar, dus verdween het in de vergetelheid. Toch bleef men zich irriteren aan de vele dijkdoorbraken en de verzilting van het land, en in 1886 werd de Zuiderzeevereniging opgericht. Als adviseur werd de jonge ingenieur Cornelis Lely aangesteld, die in 1891 met een plan kwam om een afsluitdam te bouwen tussen Noord-Holland en Friesland.

In 1913, Lely was zelf toen minister van Waterstaat, werd uiteindelijk besloten om het plan-Lely uit te voeren, maar de Eerste Wereldoorlog gooide roet in het eten. Toen er in 1916 een grote watersnood plaatsvond, werd de noodzaak van inpoldering steeds duidelijker. Een andere reden was dat Nederland landbouwgrond nodig had; dat bleek wel in 1918 toen er hongersnood in Nederland uitbrak. De vissers in de vele plaatsen rond de Zuiderzee werden niet gelukkig van de plannen; zij moesten een nieuwe broodwinning zien te vinden. Ook koningin Wilhelmina was in eerste instantie tegen; zij vreesde dat de Hollandse waterlinie niet snel genoeg meer onder water kon worden gezet in geval van militaire nood.

Er werd in 1927 begonnen met het afsluiten van het Amsteldiep, tussen Zürich en het eiland Wieringen. De belangrijkste technische vondst was het gebruik van leemklei, dat veel beter en taaier bleek dan gewone klei. In 1932 werd de Afsluitdijk voltooid en de 'Zuiderzee heet nou IJsselmeer' (uit: *De Zuiderzeeballade*).

1933

Muiterij op De Zeven Provinciën

De Nederlandse regering ging de economische depressie te lijf door het verlagen van salarissen. Het marinepersoneel kreeg te maken met een verlaging van eerst 5%, daarna eentje van 8%, toen er in 1933 nog eens 10% korting werd aangekondigd. Het marinepersoneel was laaiend, een gezamenlijke protestvergadering van Europees én inlands personeel werd verboden, en tientallen werden voor de zekerheid opgesloten. De regering-Ruijs de Beerenbrouck trok daarop de maatregel weer in, maar bedacht zich vervolgens en voerde een verlaging van 'slechts' 7% door.

De inlandse bemanningsleden van het oorlogsschip *De Zeven Provinciën* pikten het niet langer. Terwijl het grootste deel van het officierskorps een feestje op de rede van Oleh-leh had, kaapten zij het schip, onder leiding van matroos 1ste klasse Paradja. De muiters besloten op te stomen naar Soerabaja, uit protest tegen de salarisverlagingen en de gevangen vakbondsmensen. Ook blanke marinemannen aan boord deden aan de actie mee.

De heren in Den Haag schrokken zich rot en stuurden allerlei oorlogstuig op *De Zeven Provinciën* af. Ze waarschuwden dat de muiters zich binnen tien minuten moesten overgeven anders zouden er waarschuwingsbommen rond het schip worden gegooid. De allereerste bom raakte echter al het voorschip en negentien opvarenden werden daardoor gedood. Achteraf bleek het schip met opzet te zijn geraakt.

Alle muiters werden gearresteerd en de aanwezige blanken kregen de schuld in de schoenen geschoven, want inlanders hadden dit nooit zelf kunnen bedenken en/of uitvoeren. Er volgden straffen tot tien jaar gevangenis voor blanke muiters en tot achttien jaar voor inlanders.

1934

Het Jordaanoproer

Het kabinet-Colijn verlaagde niet alleen de ambtenarensalarissen, ook op andere onderdelen werd gekort. Een gemiddelde werkloosheidsuitkering van fl. 9,30 per week werd per 1 juli 1934 verlaagd met zo'n 10%.

Het Werkloozen Strijd Comité, een communistische organisatie, hield op 4 juli een bijeenkomst in het gebouw De Harmonie aan de Rozengracht. Ook de NSB had een bijeenkomst gepland in de Indische Buurt, maar die ging niet door vanwege het overlijden van prins Hendrik. Desalniettemin trokken beide groepen de straat op om te protesteren tegen de steunverlaging. De politie reageerde de eerste avond door met scherp te schieten. Van de andere kant sneuvelden er straatlantaarns en werd er met stenen en dakpannen gegooid.

De volgende dag werd het niet rustiger en de politie slaagde er niet in om het oproer te beteugelen; de opstand sloeg over naar andere arbeidersbuurten en zelfs naar andere steden. Er werden door bewoners her en der barricades opgeworpen. Het leger en de marechaussee werden ingezet, in totaal 430 man, onder leiding van baron Van Voorst tot Voorst. De eerste dode viel op de Lindengracht door een politiekogel in het hoofd. Premier Colijn bracht op zaterdag 7 juli een bezoek aan het slagveld en gelastte om nog harder op te treden. De persen van de communistische krant *De Tribune* werden onklaar gemaakt en de krantenoplage werd vernietigd.

Maar het politiegeweld zegevierde. Uiteindelijk waren er 5 doden en 56 zwaargewonden te betreuren. De straten in de Jordaan werden geasfalteerd en er werd een Karabijnbrigade, voorloper van de ME, opgericht. De steunverlaging ging als gepland door.

1936

De gulden los van de gouden standaard

Na de Beurskrach in New York van 1929 viel de recessie in Nederland in eerste instantie nog mee. Pas in 1931, toen andere landen allerlei protectiemaatregelen begonnen te nemen om hun eigen economie te beschermen, vielen de eerste klappen voor handelsland Nederland. De werkloosheid van minder dan 50.000 in 1929 liep gestaag op tot 540.000 in 1936; dat betekende dat bijna een kwart van de beroepsbevolking werkloos was.

De Nederlandse politiek reageerde hierop zeer behoudend en terughoudend, vooral veelvuldig door minister-president Hendrik Colijn. Hij bleef vasthouden aan de 'gouden standaard' – de koppeling van de waarde van de gulden aan het goud. Vandaar dat er extreem bezuinigd werd, met als dieptepunt de werkloosheidsuitkeringen, die minder dan de helft van het minimumloon waren. Daaraan gekoppeld zaten ook nog een aantal vernederende voorwaarden, zoals het dagelijks moeten stempelen en het rijwielplaatje waarin stigmatiserend een gat werd gemaakt.

Terwijl in de andere geïndustrialiseerde landen de economie vanaf 1933 alweer begon aan te trekken, zou het tot 1936 duren voordat de gouden standaard in Nederland eindelijk werd losgelaten en de gulden werd gedevalueerd.

Naast de economische crisis heerste er in de jaren dertig ook een politieke crisis. Aan de verkiezingen in 1933 deden 54 partijen mee, waarbij de extremisten garen sponnen bij de economische crisis. In 1935 haalde de Nationaal Socialistische Beweging (NSB) van Anton Mussert bijna 8% van de stemmen bij de provinciale-statenverkiezing. Twee jaar later was dat nog maar de helft, want toen waren eindelijk de hoogstnoodzakelijke maatregelen getroffen.

1937

Huwelijk Juliana en Bernhard

In 1934 overleden zowel koning-moeder Emma als prins Hendrik. Het toch al kleine Nederlandse koningshuis werd plots gehalveerd. In eerste instantie leek prinses Juliana geen haast te hebben om te trouwen. Elke ongetrouwde man van koninklijken bloede tussen de tien en veertig werd als kandidaat genoemd, maar in september van 1936 verloofde zij zich met Bernhard zur Lippe-Biesterfeld.

Over het leven van prins Bernhard vóór zijn huwelijk zijn al bibliotheken volgeschreven, met ook erg veel positieve onzin en negatieve roddels. Feit is wel dat hij uit een (zeer) verarmd, nauwelijks adellijk te noemen geslacht komt, lid was van de nationaal-socialistische SA en werkte bij het chemieconcern IG Farben. Maar Oranje-minnend Nederland was in zijn nopjes met de sympathieke en vrolijke man, en prinses Juliana duidelijk ook. Het paar trouwde op 7 januari 1938 in Den Haag.

De beschermd en afgeschermd opgevoede Juliana bloeide helemaal op aan de hand van de mondaine Bernhard. Dat begon al met de huwelijksreis waaraan het paar stiekem begon, zonder een adres achter te laten. Een nieuw gekapte en geklede Juliana keerde daarna terug in het vaderland.

Het echtpaar ging wonen op paleis Soestdijk, daarmee de residentie Den Haag achter zich latend. Ook deed Bernhard waarvoor hij in eerste instantie werd ingehuurd. Hij zorgde ervoor dat er (voldoende) nageslacht kwam en de troonopvolging verzekerd was: Beatrix (1938), Irene (1939), Margriet (1943) en Marijke/Christina (1947).

1940

Duitse inval in Nederland

Op 1 september begon de Tweede Wereldoorlog, toen Duitsland (en de Sovjet-Unie) Polen binnenviel(en). Nederland verklaarde zich, net als bij de Eerste Wereldoorlog, neutraal en hoopte dat de storm wederom aan ons land voorbij zou trekken, ondanks dat er talloze geruchten circuleerden – maar dat was voor de Eerste Wereldoorlog ook het geval.

Op 10 mei 1940 vielen de Duitsers ons land binnen. Het militaire verzet van de Nederlanders was weliswaar dapper, maar met het verouderde oorlogsmaterieel was het onmogelijk de Duitsers echt tegen te houden. Bij de Afsluitdijk, de Grebbeberg en de Moerdijkbrug waren de hardnekkigste Nederlandse verzetshaarden; de Duitse luchtlanding bij Den Haag werd zelfs helemaal afgeslagen. Hierdoor konden de koninklijke familie en het kabinet op 13 mei naar Londen vluchten. Een daad die bij lang niet alle Nederlanders even goed viel.

Minister van Financiën Max Steenberghe, die in eerste instantie niet mee naar Londen wilde, droeg op eigen initiatief het regeringsgezag over aan de Nederlandse oppperbevelhebber, generaal Henri Winkelman. De koningin heeft deze daad achteraf goedgekeurd, hoewel er nooit iets over op papier is gezet.

Op 14 mei eisten de Duitsers de overgave van Rotterdam, met als dreigement dat zij anders de stad zouden bombarderen. Zonder een antwoord af te wachten, gooiden de Duitsers de stad toch plat, met 800 doden en 78.000 daklozen tot gevolg. Winkelman capituleerde daarop het hele land op 15 mei.

In Nederland werd een Duits bestuur aangesteld, onder leiding van de Oostenrijkse nazi Arthur Seyss-Inquart. In Londen zou koningin Wilhelmina uitgroeien tot symbool van het verzet tegen de Duitse bezetters.

1940

Oprichting van de Nederlandsche Unie

Op 24 juli 1940, twee maanden na de Duitse inval, werd de omstreden Nederlandsche Unie opgericht door Jan de Quay (hoogleraar), Louis Einthoven (politiecommissaris) en Hans Linthorst Lohman (commissaris van de Koningin in Groningen). De Unie legde zich neer bij de veranderende machtsverhoudingen in Europa en wilde samenwerken met de nieuwe bezetter. Belangrijke doelen waren de vooroorlogse versnippering tegen te gaan en te trachten de NSB de wind uit de zeilen te nemen. Dat laatste is gelukt, de NSB heeft nooit meer dan 100.000 leden gehad, terwijl de NU wel tot 600.000 is gekomen (en 1 miljoen sympathisanten had) – en daarmee is het de grootste politieke partij uit de Nederlandse geschiedenis.

De top van de Nederlandsche Unie was doordrongen van het feit dat er voor joden een 'regeling' nodig was en stond zelfs positief tegenover de Duitse eis dat Nederlandse joden geen lid van de Unie meer mochten zijn. Ook laakten zij de groepen die verzet pleegden. De Nederlandsche Unie zou maar een jaar bestaan; de Duitsers waren ontevreden over de lauwe reactie van de Unie op de Duitse inval in Rusland. De Unie werd verboden en De Quay, Einthoven en Linthorst Lohman (de meest pro-Duitse van de drie) verdwenen in het gijzelaarskamp Sint-Michielsgestel, waar bijvoorbeeld ook Willem Drees geïnterneerd was.

Na de oorlog werd er vernietigend geoordeeld over de defaitistische houding van het driemanschap. Toch maakten ze alle drie nog een aardige carrière: De Quay werd minister-president, Einthoven hoofd van de Binnenlandse Veiligheidsdienst en Linthorst Lohman vertegenwoordiger van de EEG.

1941

De Februaristaking

De Duitse bezetter hield zich in het begin redelijk gedeisd, maar er werd wel begonnen met het laten invullen door ambtenaren van een niet Ariërverklaring. Minder zachtzinnig was de militante vleugel WA (Weerbaarheidsafdeling) van de NSB, die vooral in Amsterdam nogal tekeer ging tegen joden. Zo hingen zij op het Rembrandtplein bordjes op de ruiten met 'Joden niet gewenst'. Het kwam tot vechtpartijen met omstanders, waarna de WA'er Hendrik Koot aan zijn verwondingen overleed.

De Duitser reageerden door de 'Jodenhoek' in Amsterdam af te sluiten en de oprichting van een 'Joodse raad' te eisen. Op 19 februari drongen leden van de Duitse Grüne Polizei de ijssalon Koco in de Van Woustraat binnen. De verdedigers, die dachten dat ze weer met WA'ers te maken hadden, gebruikten ammoniakgas. De Duitsers waren ziedend en hielden een razzia in de jodenbuurt, waarbij 432 joodse mannen tussen de 18 en 35 jaar werden opgepakt en weggevoerd (uiteindelijk naar Mauthausen).

De bevolking reageerde woedend. Aangevuurd door kaderleden van de (verboden) CPN kwam het tot een algemene staking. Omdat de Sovjet-Unie toen nog officieel vrede had met Duitsland, aarzelde de partijleiding wel. Op 25 februari 1942 ging de stad plat, aangemeld met het beroemde pamflet 'Staakt! Staakt! Staakt!!!' Trams reden er niet, het treinverkeer was danig in de war en vooral ook de particuliere sector staakte volop mee – de politie trad niet op. De Duitsers waren volledig verrast, maar vanaf 26 februari trad men er keihard tegenop.

Mede-eigenaar Ernst Cahn van ijssalon Koco werd als eerste burger gefusilleerd, daarna nog achttien mannen uit het 'Oranjehotel' in Scheveningen.

1942

Slag in de Javazee

Op 7 december 1941 viel Japan de Amerikaanse marinebasis Pearl Harbor op Hawaii aan, daarmee van de oorlog in Europa een echte wereldoorlog makend. Op 8 december verklaarde de Nederlandse regering in Londen Japan de oorlog. Japan had vooral een dringende behoefte aan olie en rubber, en Nederlands-Indië bezat daar veel van. Celebes, Borneo en Sumatra werden aangevallen, maar verder wisten de geallieerden niet waar de klappen zouden vallen. Ze wilden vooral Australië en Birma behouden. Tot frustratie van premier Gerbrandy werd Java min of meer opgegeven.

Wel werd door het oppercommando besloten om zoveel mogelijk schade en oponthoud aan de Japanners toe te brengen. Dit leidde op 27 en 28 februari tot de Slag in de Javazee. Het geallieerde bevel stond onder leiding van scout-bij-nacht Karel Doorman. De vloten bestonden uit een ratjetoe aan kruisers en torpedobootjagers, beide zo'n beetje even groot. De geallieerden werkten voor het eerst met elkaar samen maar hun bewapening was inferieur aan dat van Japanse zijde. Vooral de vuurkracht van de Japanners was veel beter en kon langere afstanden aan. Successievelijk werden de geallieerde schepen tot zinken gebracht. Op een gegeven moment seinde Doorman vanaf de kruiser *De Ruyter* 'All ships – follow me'. Door Nederlandse sympathisanten werd dit wel erg vrij vertaald als 'Ik val aan, volg mij'. De *De Ruyter* werd getorpedeerd en de schout-bij-nacht ging met zijn schip ten onder. In totaal verloren de geallieerden zo'n 2.000 manschappen tijdens de Slag in de Javazee, de Japanners tien.

Java lag voor de Japanners open.

Dolle Dinsdag

Op 3 september 1944 namen de geallieerden Brussel in. Op 4 september werd, via een smalle corridor, zelfs Antwerpen bezet; de geallieerden waren wanhopig op zoek naar een echte haven. De snelheid van deze opmars bracht heel wat Nederlanders in verwarring. Minister-president Gerbrandy sprak voor Radio Oranje zelfs over het feit dat de geallieerde legers de Nederlandse grens hadden overschreden. In zijn tekst stond 'naderden', maar dat vond hij wat te pessimistisch. Ook kwam het verhaal over de radio dat Breda al was bevrijd; waarschijnlijk was er verwarring ontstaan door een Britse verkenner die zei dat hij bij Café Breda in het Belgische Brasschaat stond.

Op dinsdag 5 september ging heel Nederland de straat op. Nederlandse vlaggen met oranje wimpels, verborgen radio's en kinderen met oranje mutsen sierden de straten. Maar ook de NSB-ers gingen massaal de straat op, richting Duitsland. NSB-leider Anton Mussert vluchtte vanuit zijn hoofdkwartier in Utrecht naar landhuis de Bellinckhof in Almelo en zelfs rijkscommissaris Seyss-Inquart vertrok oostwaarts, naar Apeldoorn. Telefooncentrales vielen uit, vele mensen hadden al geallieerde troepen waargenomen. Maar de geallieerden waren nog helemaal niet in staat om Nederland te bevrijden; hun militaire aanvoerlijnen waren veel te lang.

Laat in de middag en in de avond drong de werkelijke situatie tot alle Nederlanders door; Nederland ging nog een lange hongerwinter tegemoet. Na de paniek binnen de NSB kwam het daar nooit meer goed mee. Wel traden er veel meer mensen toe tot het verzet; ze werden 'septembervliegen' genoemd.

1944

Slag om Arnhem

Na D-day, 6 juni 1944, was de opmars van de geallieerden erg snel gegaan: Frankrijk en België waren al veroverd. Het probleem was hoe ze nu verder moesten. Opperbevelhebber Dwight Eisenhower had tot dan toe over een breed front aangevallen, maar de bevoorrading van de troepen liep gevaar. Toen botsten twee van de grootste ego's in de Tweede Wereldoorlog, die van de Amerikaanse generaal Patton en de Britse veldmaarschalk Montgomery. Beiden hadden een plan, waarbij, om politieke redenen wellicht, Eisenhower dat van de Brit steunde.

Het plan heette Operatie Marketgarden, waarbij de bruggen over de Maas, Waal en Rijn veroverd zouden worden in de plaatsen Grave, Nijmegen en Arnhem. Daarna zouden de geallieerden naar het oosten afbuigen en Duitsland binnenvallen, omdat zij vanaf hier de gevreesde verdedigingsgordel – de Siegfriedlinie – konden ontlopen.

Vanaf het begin, 17 september 1944, ging er van alles fout. De route die de troepen over land moesten afleggen, bleek te lang om in drie dagen te volbrengen, vooral doordat die weg gedeeltelijk over een smalle dijk liep. Luchtlandingstroepen werden op verkeerde plekken gedropt, aanvullend materiaal eveneens, er bleken onverwacht twee SS-pantserdivisies rond Arnhem te liggen, et cetera. Hoe dapper de Britten ook vochten, de verkeersbrug in Arnhem bleek één brug te ver. Van de gedropte 10.000 mannen kwam na tien dagen vechten maar 20% terug in veiligheid; de rest was gedood, gewond of krijgsgevangen gemaakt.

De Duitsers, bang voor een herhaling, evacueerden alle 95.000 burgers uit Arnhem, die na de oorlog pas weer terug konden keren naar hun kapotte en leeggeroofde stad.

1945

Bevrijding van Nederland

Zuid-Nederland was al in de herfst van 1944 bevrijd, maar ten noorden van de grote rivieren moest men nog wachten tot de lente van 1945. De tussenliggende periode staat bekend als de hongerwinter, waarin er zo'n 20.000 Nederlanders omkwamen. Alles wat eetbaar was, werd opgegeten, tot en met bloembollen toe. De ergste nood werd geledigd door voedseldroppings vanaf 29 april ('Zweeds wittebrood') met instemming van de Duitsers.

De bevrijding van Nederland was voor de geallieerden maar bijzaak; zij wilden Duitsland veroveren en zodoende de oorlog beëindigen. De Amerikanen braken toch nog betrekkelijk makkelijk door de Siegfriedlinie heen en stoomden op richting Berlijn, alwaar ze door de Russen reeds opgewacht werden. De bevrijding van Nederland werd vooral ook overgelaten aan Canadezen ('Onze Trees heeft een Canadees') en Polen, waarbij maar sporadisch echt werd gevochten (de stad Groningen, Texel). Op 5 mei capituleerden de Duitsers in het westen van Nederland. In Hotel De Wereld in Wageningen gaf de Duitse generaal Blaskowitz zich over aan de Canadese generaal Foulkes, in aanwezigheid van prins Bernhard.

Er volgde in Nederland wel een 'bijltjesdag', een afrekening waarbij NSB'ers en collaborateurs in interneringskampen, zoals het concentratiekamp Westerbork, terechtkwamen, opgepakt door de Binnenlandse Strijdkrachten. 'Moffenmeiden', meisjes en vrouwen die omgang hadden gehad met Duitsers, werden vaak kaalgeschoren. Natuurlijk kwamen ook hier excessen voor, maar in vergelijking met Frankrijk en België vielen die in Nederland nogal mee.

De koninklijke familie keerde terug en was populairder dan ooit in de vaderlandse geschiedenis.

1945

Het tientje van Lieftinck

Op één moment in de vaderlandse geschiedenis zijn alle Nederlanders even rijk geweest. In de week van 26 september 1945 werden alle bankbiljetten ongeldig verklaard en moest iedereen zien rond te komen met één tientje – nou ja, vijf biljetten van één gulden en twee van een rijksdaalder. Op dat moment werd er namelijk een grote geldzuivering doorgevoerd. Het plan voor deze campagne kwam van de minister van Financiën Piet Lieftinck. Vandaar het 'tientje van Lieftinck'.

De Duitsers hadden in de oorlog de geldpersen flink laten draaien. Vóór de oorlog was er circa 2,5 miljard gulden in omloop geweest, aan het eind van de oorlog was er 11 miljard op de markt. Om deze chaos te bestrijden en om de mensen aan te pakken die hadden geprofiteerd van de zwarte handel in de oorlog (de zogenaamde OW'ers – oorlogswinstmakers), kwam het kabinet-Schermerhorn tot deze maatregel.

Op 6 juli 1945 waren al alle biljetten van fl. 100 ongeldig verklaard. De mensen konden deze honderdjes naar de bank brengen en moesten dan aantonen dat zij dit geld eerlijk verdiend hadden. Het tientje van Lieftinck was dus de tweede maatregel. Daarnaast werd de Fiscale Opsporingsdienst (FIOD) opgericht; wie niet duidelijk kon maken dat hij zijn geld netjes verkregen had, moest er 90% belasting over betalen.

Deze maatregelen hebben wel degelijk geholpen om de geldcirculatie weer op het juiste spoor te zetten. Maar met het aanpakken van zwarthandelaren had men minder succes; want die hadden al tijdig hun geld omgezet in goud, zilver, juwelen of onroerende goederen.

Eerste politionele actie in Nederlands-Indië

Nadat Japan verslagen was, wilde Nederland Indië weer terug. Daar hadden de nationalisten onder leiding van Soekarno en Hatta de Indonesische onafhankelijkheid uitgeroepen. Nederland erkende de Republiek Indonesia niet, hier heerste het gevoel van 'Indië verloren, rampspoed geboren'. Maar de politieke druk op Nederland was erg groot om toch met de nieuwe machthebbers te gaan onderhandelen, vooral vanaf Amerikaanse zijde.

Nederland en Indonesië gingen inderdaad om de tafel zitten en kwamen tot de Overeenkomst van Linggadjati, waarbij de Nederlandse onderhandelaar Schermerhorn jubelde dat hij 'de Indiërs plat had vergaderd'. De twee partijen hadden dan ook een heel eigen interpretatie van de Overeenkomst, die van Nederland werd nog eens extra aangescherpt door allerlei amendementen uit de Tweede Kamer. Ondertussen was Nederland wel bezig om zijn militaire aanwezigheid in Indië flink op te voeren met vrijwilligers en dienstplichtigen.

In 1947 had men zo'n 80.000 man paraat die klaarstonden om te vechten. Minister Lieftinck van Financiën luidde de financiële noodklok: Nederland kon dit financieel allemaal niet meer opbrengen. Dus ging Nederland op 21 juli 1947 over tot de aanval op Java en Sumatra om industriële installaties te veroveren, evenals de zetel van de Indonesische regering, de stad Djokja.

Dit was 'Operatie Product', ofwel de eerste politionele actie. Deze laatste term kwam uit de koker van minister van Buitenlandse Zaken Van Kleffens, die de term 'militaire actie' wilde vermijden. Militair was de politionele actie een succes, maar politiek niet: de VN greep in en dwong Nederland weer tot onderhandelen.

1948

Fanny Blankers-Koen wint viermaal goud

De wederopbouw na de Tweede Wereldoorlog was een zware periode voor de Nederlanders. Er heerste grote schaarste, koffie werd als laatste product pas in 1952 vrij verkrijgbaar, dus niet meer 'op de bon'. Voor een positieve opsteker zorgde de atlete Fanny Blankers-Koen, die tijdens de Olympische Spelen in Londen vier gouden medailles won.

Het was een unieke prestatie, die nog meer bewonderd werd vanwege het feit dat Blankers-Koen reeds 30 jaar oud was en twee kinderen op de wereld had gezet. Ze stond na Londen dan ook bekend als *De Vliegende Huisvrouw* en *The Flying Dutchmam*, maar ook als het iets minder vriendelijke *Een koningin met mannenbenen*. Ze won goud op de onderdelen 100 meter, 200 meter, 80 meter horden en de viermaal 100 meter estafette. Ze was ook de beste hoog- en verspringster (tevens wereldrecordhoudster) van haar generatie, maar deze onderdelen pasten niet in haar programma in Londen.

Fanny Koen had reeds in 1936 bij de Olympische Spelen van Berlijn, de 'nazi-Spelen', gedebuteerd. Ze vestigde in haar 20-jarige loopbaan twaalf wereldrecords, vijf Europese titels waren haar deel en zij veroverde bijna zestig nationale titels (tot in 1944). Ze werd het toonbeeld van een herrijzend Nederland, maar ook een voorbeeld voor de emancipatie van de (getrouwde) vrouw. In 1999 werd ze door de Internationale Atletiekfederatie uitgeroepen tot 'Atlete van de Eeuw'.

De gemeente Amsterdam beloonde haar bijzondere prestaties in Londen met het aanbieden van een gedenkboek, en de buurt waar zij woonde gaf haar een fiets, 'omdat ze nu wel lang genoeg gelopen had'.

1948

Koningin Wilhelmina treedt af

Na een regeerperiode van vijftig jaar trad koningin Wilhelmina af, ten gunste van haar dochter Juliana. Terecht werd zij vooral herinnerd door haar verblijf in Londen tijdens de Tweede Wereldoorlog en de opruiende praatjes die zij hield voor Radio Oranje: 'Slaat den Mof op zijn kop!'

Maar Londen betekende ook een ommekeer in haar denken over de Nederlandse maatschappij. Zij had gehoopt dat ze de rol die zij daar had vervuld, duidelijk de belangrijkste regeringspersoon, ook na de oorlog in Nederland zou kunnen vervullen. Zij vond het zeker niet erg om zonder Staten-Generaal te moeten regeren. Zij had graag gehad dat de verzuiling in Nederland op zou houden, dat Nederland eendrachtiger zou worden en dat de Kroon meer macht zou krijgen – zoals meer invloed op de benoeming en het ontslag van ministers. Zij werd in deze denkbeelden gesteund door haar schoonzoon Bernhard. De symboolfunctie die een constitutionele monarchie nu eenmaal inhield, beviel haar slecht. Wel was zij genegen om het koningschap te versoberen: geen paleizen vol pracht en praal of Prinsjesdag.

Maar de democratische werkelijkheid in Nederland bleek een stuk weerbarstiger; de democratisch gekozen volksvertegenwoordigers vervielen weldra in de oude vertrouwde patronen. Ook de snelheid waarmee Nederland toegaf in de zaak Nederlands-Indië deed haar zichtbaar pijn, evenals haar opspelende ouderdomsgebreken.

Na haar abdicatie ging prinses Wilhelmina wonen op paleis Het Loo in Apeldoorn. Aan publieke optredens deed ze nauwelijks meer, wel schreef ze haar autobiografie *Eenzaam maar niet alleen*. Ze stierf in 1962 op 82-jarige leeftijd.

1949

Indonesië onafhankelijk

De eerste politionele actie in 1947 had niet het succes gebracht waarop men gehoopt had. Sterker nog, de guerrilla-activiteiten (de 'Bersiap') waren alleen maar toegenomen. Dus vonden een aantal Nederlanders dat het weer tijd was voor een nieuw groots militair optreden. 'Operatie Kraai', de tweede politionele actie, begon op 19 december 1948, een dag nadat de Veiligheidsraad van de VN op reces was gegaan. Militair verliep het nu ook weer goed: de stad Djokja werd ingenomen en de Indonesische leiders Soekarno en Hatta zelfs gearresteerd.

Maar de internationale gemeenschap, de Verenigde Staten voorop, was woedend. De VS dreigde zelfs met het intrekken van de Marshallhulp, steunfondsen die bedoeld waren om Europa er weer bovenop te helpen. De harde waarheid dat Nederland er alleen voor stond, drong hier maar langzaam door, maar in mei (Djokja teruggegeven en gevangenen vrijgelaten) en augustus (wapenstilstand) 1949 kwam er toch schot in de zaak. Tussen 23 augustus en 2 november werd er een rondetafelconferentie gehouden. De nationalisten stelden zich soepel op, er ongetwijfeld van uitgaande dat zij het na de onafhankelijkheid toch zelf voor het zeggen hadden. Ze namen zelfs een deel van de buitenlandse schulden van Nederland op zich en Nieuw-Guinea werd niet betrokken bij de overdracht. Op 27 december 1949 werd de soevereiniteit van Nederlands-Indië officieel overgedragen aan de Verenigde Staten van Indonesië.

De politionele acties en verdere militaire operaties hebben aan 5.000 Nederlandse soldaten het leven gekost. Aan Indonesische kant kan alleen een schatting gemaakt worden, tussen de 100.000 en 250.000 doden en 7 miljoen ontheemden lijkt realistisch.

1951

De eerste televisieuitzending

Philips was al jaren bezig, maar op 2 oktober 1951 was het dan zover: de eerste officiële televisieuitzending in Nederland. Speciaal voor de televisie was de NTS (Nederlandse Televisie Stichting) opgericht door de omroepen AVRO, KRO, NCRV en VARA, die een cultureel verantwoord programma hadden opgesteld. Hoewel er maar 500 toestellen in Nederland waren, hebben ongetwijfeld tienduizenden mensen die eerste televisieuitzending gezien.

Het begon allemaal met de omroepster, Jeanne Roos, die veel pratende mannen mocht aankondigen: staatssecretaris Joseph Cals, NTS-voorzitter prof. J.B. Kors en de BBC-directeur sir William Haley. Deze Brit hield zijn toespraak, natuurlijk, in het Engels en ondertiteling bestond toen nog niet, dus hoeveel mensen er toen zijn afgehaakt, zullen we nooit weten. Daarna volgde een reportage over de Deense televisie, die ook op deze avond zijn première beleefde – met een reportage over de Nederlandse tv-première. Prof. Halbertsma, werkzaam bij Philips, legde daarna twintig minuten lang alle technische details over de televisie uit.

Hierna volgde het hoogtepunt van de avond: de pauze – waarin Sinterklaasliedjes werden gespeeld.

Deel twee van het programma begon met de film *Het lied van de klok*, over de fabricage van beiaardklokken. Hierna volgde het televisiespel *De Toverspiegel*, een futuristisch stuk over de televisie in de toekomst. Het werd wel gespeeld door de grootste acteurs van hun tijd: Albert van Dalsum, Ank van der Moer en Johan de Meester. Zeer futuristisch was ook het optreden hierin van Hetty Blok die volledig in het plastic verpakt zat en zich rot zweette.

Achteraf snap je niet dat er ooit een tweede televisieavond is gekomen.

1952

De laatste executies in Nederland

In 1943 werd in Londen reeds besloten dat er na de oorlog een 'bijzondere rechtspleging' zou plaatsvinden, waarbij een aantal categorieën mensen voor het gerecht zou worden gebracht: 'foute' bestuurders, OW'ers, mensenjagers, mishandelaars, moordenaars, de NSB-top, verraders en mannen die in buitenlandse krijgsdienst waren getreden. Er werden 19 tribunalen opgericht (die 50.000 zaken zouden behandelen) en 5 gerechtshoven voor de zwaardere gevallen (16.000 zaken). De bedoeling was dat het 'volk' niet het recht in eigen hand zou nemen, maar het gebeurde tevens om de 'foute' Nederlanders te straffen. Voor deze gelegenheid werd de doodstraf weer tijdelijk ingevoerd.

Na de oorlog werden er zo'n 150.000 mensen gearresteerd, van wie er ongeveer 60.000 uiteindelijk niet vervolgd werden. In totaal werden er 145 doodvonnissen uitgesproken, waarvan er 42 voltrokken werden. De eerste gevonniste was de radio-propagandist Max Blokzijl, die op 16 maart 1946 voor het vuurpeloton verscheen. Hij had altijd volgehouden dat hij het slachtoffer was geweest van het feit dat hij als eerste werd veroordeeld – en daar zat wat in. Zo kwam de tweede man van de NSB, Kees van Geelkerken, pas in 1951 aan de beurt; hij kwam er toen vanaf met levenslange gevangenisstraf (later tot 20 jaar teruggebracht).

Onder de geëxecuteerden behoorden ook NSB-leider Anton Mussert, hoogste SD-chef Hanns Albin Rauter en de enige vrouw, Ans van Dijk, omdat zij onderduikers verraden had. De laatste executies vonden plaats in maart 1952; de Duitser Artur Albrecht en Andries Pieters werden op de Waalsdorpervlakte door een vuurpeloton gedood.

1953

De Watersnoodramp

Dat het met de dijken niet zo best gesteld was, wist men al jaren. Maar tijdens en na de Tweede Wereldoorlog werd er weinig aan gedaan; er moest vooral gewerkt worden om de dijken op Walcheren dicht te krijgen. Nederland was bovendien straatarm, dus veel extra geld was er niet.

In de nacht van 31 januari op 1 februari 1953 vonden twee meteorologische fenomenen tegelijk plaats voor de kust van Zeeland: een zware noordwesterstorm en springvloed. De dijken konden deze hoge waterstanden niet aan; om ongeveer 3 uur 's nachts braken de eerste dijken. De dijken aan de polderzijde gingen het eerst, doordat deze het minst goed waren onderhouden: eerst bij Kortgene, Kruiningen en Oude Tonge. Daarna volgden de dijken in Willemstad, Heijningen, Fijnaart, 's-Gravendeel, Strijen en Numansdorp. In totaal waren er 89 dijkdoorbraken, over een totale lengte van 187 kilometer. Bij de Schielandse Hoge Zeedijk in Zuid-Holland, waarachter 3 miljoen mensen woonden, kon een doorbraak provisorisch worden gerepareerd door het schip *De Twee Gebroeders* in het gat te laten varen.

In totaal zou de Watersnoodramp aan 1836 mensen het leven kosten. De schade aan huizen, boerderijen en dieren is ongekend; zo'n 72.000 mensen moesten worden geëvacueerd. De (internationale) hulpverlening kwam snel op gang, mede doordat de media in staat waren zeer snel verslag te doen van de ramp. In totaal werd zo'n fl. 138 miljoen in Nederland ingezameld, vooral door de eerste massale inzamelingsactie *Beurzen open, dijken dicht*.

Reeds op 4 februari nam de regering-Drees het initiatief voor de Deltawerken.

1954

Invoering van het betaald voetbal

Als een van de weinige landen in West-Europa hield de Koninklijke Nederlandse Voetbalbond vast aan het amateurisme. Daardoor vertrokken eerst de beste, maar later ook de minder talentvolle spelers naar het buitenland om professional te worden. Deze spelers mochten dan niet meer uitkomen voor het Nederlands elftal, wat tot gevolg had dat ons land maar liefst 22 van de 28 interlands verloor.

Na de Watersnoodramp organiseerde de KNVB een interland tegen Denemarken, die met 1-2 verloren werd. Vijf dagen later, op 12 maart, speelden de verzamelde Nederlandse profs uit het buitenland op instigatie van Bram Appel en Theo Timmermans een benefietwedstrijd tegen Frankrijk. Hoezeer dit tot de verbeelding sprak, bleek wel uit het feit dat zo'n 10.000 Nederlandse fans afreisden naar het Parc des Princes in Parijs om de wedstrijd bij te wonen. Dat die wedstrijd ook nog door ons gewonnen werd dankzij een doelpunt van Bertus de Harder ('De goddelijke kale'), deed het enthousiasme alleen maar toenemen.

Er ontstond ook in Nederland een 'wilde' profcompetitie waarin de voetballers officieel betaald werden. Daarin speelden tien clubs, waarin onder meer Fortuna '54, Holland Sport, Alkmaar en BVC Amsterdam (de 'Zwarte Schapen'). De KNVB, waar de grote clubs nog altijd hun spelers onder de tafel moesten betalen, ging in 1954 overstag en fuseerde met de nieuwkomers. In twee jaar tijd werd de eredivisie gevormd, zoals wij die heden ten dage nog kennen. In 1957 werd de eerste landskampioen betaald voetbal gekroond: Ajax.

1956

De Greet Hofmans-affaire

In 1947 werd prinses Marijke (later Christina genoemd) geboren met een oogziekte. Deze afwijking kreeg zij doordat haar moeder, koningin Juliana, tijdens haar zwangerschap de rodehond had gehad. Op voorspraak van prins Bernhard kwam Juliana in contact met Greet Hofmans die, in hogere kringen, een bekende gebedsgenezeres was. Daarnaast hield juffrouw Hofmans zich bezig met occultisme, theosofie en aanverwante godsdienstige zaken, en stond zij bekend als pacifiste.

De koningin raakte erg gehecht aan Greet Hofmans en sloeg zo nu en dan, bij de weinige gelegenheden dat zij vrij kon spreken, een pacifistische toon aan, onder meer tijdens een toespraak voor het Amerikaanse Congres. Niet dat dit veel indruk maakte, zelfs niet toen de Koude Oorlog op z'n hoogtepunt was, maar het ergerde vooral haar echtgenoot Bernhard. De prins-gemaal zocht dan ook de publiciteit om de bedenkelijke invloed van Greet Hofmans aan de kaak te stellen. In het binnenland volgden de media slaafs wat de regering hun opdroeg om te schrijven, maar via de Engelsman Sefton Delmer wist Bernhard zijn verhaal te laten publiceren in het West-Duitse blad *Der Spiegel*.

Daarna dreigde de zaak volledig uit de hand te lopen. Juliana dreigde met echtscheiding, Bernhard dreigde haar op te laten sluiten. Tenslotte stelde premier Willem Drees de commissie-Beel in, die onderzoek moest doen en met aanbevelingen moest komen. Beel c.s. kwamen met de oplossing om Greet Hofmans en de aan haar getrouwe leden van de hofhouding te verbannen uit het paleis. Het rapport bleef geheim, wat tot de wildste speculaties leidde, totdat de historicus Cees Fasseur het in 2008 onthulde in zijn biografie over Juliana en Bernhard.

1957

Invoering van de AOW

De Algemene Ouderdomswet (AOW) was slechts een van de vele sociale voorzieningen die na de Tweede Wereldoorlog werden ingesteld. Het was een teken dat de verzorgingsstaat volwassen was geworden.

In 1947 werd in Nederland de Noodwet Ouderdomsvoorziening van minister van Sociale Zaken Willem Drees aangenomen. Alle mannen van boven de 65 die al geruime tijd in Nederland woonden, geen of zeer weinig eigen inkomsten hadden en nuttige leden van de maatschappij waren geweest, hadden hier recht op. Dat was een enorme omslag ten opzichte van het verleden, toen de kinderen verantwoordelijk waren voor het onderhoud van hun ouders. Gehuwde vrouwen hadden geen zelfstandig recht op deze uitkering. Ook gevangenen, landlopers en alcoholici werden uitgesloten. Ongeveer de helft van alle 65-plussers maakte gebruik van de Noodwet.

De leeftijdsgrens van 65 was trouwens niet zomaar gekozen. In het Duitsland van Bismarck zouden voor het eerst ouderdomspensioenen uitgekeerd worden. Toen Bismarck informeerde hoe oud de gemiddelde mannen werden, kreeg hij als antwoord: '65 jaar'. Dus om deze reden is de leeftijdsgrens bij ons ook op 65 jaar gesteld.

In 1957 werd de Noodwet eindelijk vervangen door de permanente AOW. De indiener van de wet was minister Ko Suurhoff. De AOW was een van de volksverzekeringen die volgens het omslagstelsel betaald werd – uit de op dat moment geïnde AOW-premies.

Na het instellen van de Noodwet Ouderdomsvoorziening werd Willem Drees gezien als 'Vadertje Drees' en een veel gebezigde term werd 'trekken van Drees'. Na invoering van de AOW door Suurhoff veranderde dat niet.

1962

De treinramp bij Harmelen

Op 8 januari 1962 vond bij Harmelen de ernstigste treinramp uit de Nederlandse geschiedenis plaats. In zeer dichte mist boorde de vertraagde sneltrein van Leeuwarden naar Rotterdam zich om 09:19 uur in de flank van de stoptrein Gouda-Amsterdam. De ravage was enorm: treinwagons ontspoorden en werden ineen- en omhooggedrukt.

De sneltrein bestond uit elf rijtuigen en had circa 900 passagiers; de stoptrein had twee rijtuigen met zo'n 180 reizigers. Er vonden 93 mensen de dood en er vielen 54 zwaargewonden.

In het seinhuis bij De Putkop, waar de botsing plaatsvond, had men direct door hoe ernstig de situatie was. De Nederlandse Spoorwegen sloegen direct groot alarm. Overlevenden werden in ziekenwagens en in auto's van omwonenden naar ziekenhuizen in Woerden en Utrecht gebracht. De doden werden opgebaard in de Utrechtse Buurkerk.

Koningin Juliana brak haar skivakantie in Oostenrijk af om de rampplek te bezoeken. Op 12 januari werd een dag van nationale rouw afgekondigd.

De oorzaak bleek een menselijke fout, de NS had namelijk een modern NX-systeem voor centrale bediening van automatische seinen en wissels. De machinist van de sneltrein was door geel licht gereden, waarna hij bij het zien van het rode licht onmogelijk nog kon stoppen – hij kon slechts vaart minderen van 125 tot 107 km per uur. Als gevolg van deze ramp ging de NS versneld over op de zogenoemde ATB (Automatische Treinbeïnvloeding), waarmee treinen bij gele en rode seinen automatisch afgeremd en stilgezet werden.

1962

Overdracht van Nieuw-Guinea

Bij de soevereiniteitsoverdracht aan Indonesië was Papoea [in deze positie] Nieuw-Guinea erbuiten gelaten, maar daar zou binnen een jaar over onderhandeld gaan worden. Maar Nederland wilde dit zeer onontwikkelde gebied niet uit handen geven, sterker nog, ze deden er erg veel aan om de Papoea's 'op te voeden', zodat ze uiteindelijk zelfbeschikkingsrecht zouden kunnen krijgen, of op z'n minst zelf mochten kiezen. De afspraak met de regering-Soekarno werd dan ook niet nagekomen.

In de Verenigde Staten kwam John F. Kennedy aan het bewind en hij wilde de kwestie Nieuw-Guinea graag regelen. Indonesië kreeg nogal wat wapens van de Sovjet-Unie en zelf waren de VS verwikkeld in de perikelen in Vietnam, dus zij wilden geen tweede brandhaard in Azië erbij hebben. De grote verdediger van het Nederlandse standpunt was de minister van Buitenlandse Zaken, vanaf 1952, mr. Joseph Luns. Hij bevocht iedereen te vuur en te zwaard die een snelle regeling wilde. Maar aan de andere kant bleek prins Bernhard te staan, die wel voor een pragmatische oplossing was en daarover in het geheim onderhandelde met Kennedy c.s. Dat was natuurlijk tegen het officiële regeringsstandpunt in en de prins overschreed hiermee bijna elke bevoegdheid die hij had.

Uiteindelijk zou prins Bernhard, gedekt door de *captains of industry* en de militaire chefstaven, de zaak naar zijn hand weten te zetten. Op 15 augustus 1962 werd er bij de Veiligheidsraad van de VN een akkoord getekend, waarbij Nederland het bestuur van Nieuw-Guinea overdroeg aan de tijdelijke VN-macht genaamd UNTEA. Kind van de rekening werden de Papoea's; zij hebben nooit zelf over hun lot mogen beslissen.

1965

Provo's

Het begrip 'nozem' kenden we al, evenals de 'dijkers' en de 'pleiners' – onaangepaste jongeren die de autoriteiten irriteerden. Maar in 1965 kwamen daar de 'provo's' bij, jongeren die zich verzetten tegen de bestaande, verstarde maatschappij en de autoriteiten met ludieke acties wilden provoceren waar en wanneer ze maar konden.

Robert Jasper Grootveld, de 'anti-rookmagiër', voerde wekelijks 'happenings' uit rond het beeldje *Het Lieverdje* op het Spui in Amsterdam, dat geschonken was door de tabaksproducent Hunter, het symbool van commercialisering en verslaving. 'Ugge, ugge, ugge,' klonk het en de politie trad hier hard tegen op. Wat de week erop zorgde voor nog meer omstanders. Op 25 mei werd Provo officieel opgericht door onder meer Roel van Duijn, Rob Stolk en Luud Schimmelpennink. De term werd voor het eerst gebezigd in het proefschrift van Wouter Buikhuizen.

De autoriteiten, met voorop burgemeester Van Hall en politiecommissaris Van der Molen, reageerden angstig en gewelddadig. Het maandblad Provo werd vaak om de malste redenen in beslag genomen. Toen Koosje Koster krenten uitdeelde omdat de Nederlanders zo krenterig waren, werd ze gearresteerd, ontkleed en lange tijd verhoord. De burgemeester verbood het gebruik van leuzen, waarop provo's met blanco lakens de straat op gingen.

De buitenlandse pers smulde van dit fenomeen, ze gingen zelfs over tot betalingen om happenings te kunnen filmen. Uiteindelijk zou de Provo-beweging de kop kosten aan commissaris Van der Molen en burgemeester Van Hall, ondanks de provo-actie 'Van Hall moet blijven'.

In 1967 hief Provo zichzelf op en ging enige tijd later door als de Kabouterbeweging.

1967

Sluiting van de Limburgse mijnen

Vanaf 1890 was er steenkool gedolven in Zuid-Limburg. Binnen drie decennia waren er elf steenkolenmijnen in gebruik genomen. De vraag naar dit 'zwarte goud' was enorm en bleef maar explosief stijgen. Vooral tijdens de Wederopbouw na de Tweede Wereldoorlog was de mijnindustrie van het grootste belang voor Nederland; 1958 zou het topjaar worden, toen waren er 58.000 mensen in dienst.

Maar eind 1965 was het ineens afgelopen, de minister van Economische Zaken, Joop den Uyl, kondigde, voor velen onverwacht, de sluiting van alle mijnen aan. Hij deed dit op een bijeenkomst in Heerlen, en beloofde tevens dat er voor iedere mijnwerker voor passende werkgelegenheid zou worden gezorgd. Zijn toespraak werd met applaus ontvangen. Er kwam een Eerste Mijnnota waarin per 1 april 1966 zou worden begonnen met de afbouw van de Staatsmijn Maurits, de grootste steenkolenmijn van Nederland.

De reden voor de sluitingen was de concurrentie van aardolie, die een stuk goedkoper was om te produceren en te vervoeren, en de ontdekking van de enorme aardgasbel in het Groningse Slochteren. Daarnaast bracht mijnbouw altijd een zeker gezondheidsrisico met zich mee, stoflongen waren een (te) veelvoorkomend verschijnsel.

De nieuwe werkgelegenheid kwam er inderdaad. De autofabriek DAF opende een nieuwe vestiging in Born, het Algemeen Burgerlijk Pensioenfonds een dependance in Heerlen en het Centraal Bureau voor de Statistiek kwam ook naar deze stad met een nevenvestiging. Maar met de grote welvaart in Zuid-Limburg was het gedaan, hoewel het er wel een stuk schoner op zou worden.

1966

Huwelijk Beatrix en Claus

Het begon met een foto die gemaakt was in de tuinen van paleis Drakesteyn, het huis van prinses Beatrix. De prinses liep daarop gearmd met een onbekende jongeman. De Telegraaf wilde die foto van freelancer John de Rooy wel publiceren, maar wilde eerst de naam van de man weten. De net aangetreden premier Cals wist van niks; hij zou in deze geschiedenis de speelbal worden tussen het koningshuis en de pers.

Na lang zoeken werd duidelijk dat de jongeman een Duitse ambtenaar was, Claus von Amsberg. Toen bleek dat hij ook nog in de Hitlerjugend had gezeten (verplicht, volgens onderzoeker Lou de Jong) en zelfs in de Wehrmacht had gediend (maar niet actief gediend, volgens De Jong), waren er grote groepen ontevreden mensen. De oorlog was net twintig jaar afgelopen. Het koninklijk huis, in casu prinses Beatrix, nam nu het heft in handen. De verloving werd officieel aangekondigd zoals de prinses dat wilde. Vanwege het feit dat Claus Duitser was, stelde Cals voor om in Baarn te trouwen, maar Beatrix hield vast aan Amsterdam. Omdat Claus al vanaf het begin beter Nederlands sprak dan zijn toekomstige schoonvader, werd het gemor onder het volk al snel minder.

Op 10 maart 1966 werd het huwelijk voltrokken op het stadhuis en in de Westerkerk in Amsterdam. Vooral provo's waren actief, maar zoals altijd werd er stevig door de politie ingegrepen. Alleen kon men niet voorkomen dat twee provo-aanhangers een fikse rookbom in de Raadhuisstraat wierpen, die de meest memorabele beelden van de dag opleverden.

1966

De nacht van Schmelzer

Op 14 oktober 1966 om 05.30 uur in de ochtend trad het kabinet-Cals af, na de aanvaarding van een motie van KVP-fractieleider Norbert Schmelzer. Het debat was het eerste dat rechtstreeks op de televisie werd uitgezonden. Het was het begin van de polarisatie tussen de linkse en rechtse partijen.

In 1965 was het kabinet-Cals (Katholieke Volkspartij) aangetreden, een coalitie van KVP, PvdA en ARP. De economische groei in Nederland was onstuimig, waardoor er een tekort ontstond op de Rijksbegroting. Grote delen van de KVP waren niet gelukkig met de samenwerking met de PvdA. Ook electoraal ging het met de KVP niet goed bij de verkiezingen voor de Provinciale Staten en de gemeenteraadsverkiezingen. Op rechts hamerde de VVD erop om de begroting kloppend te maken, ze wilden zelfs een motie van wantrouwen indienen. Binnen de KVP hadden een aantal Kamerleden daar wel oren naar, zodat Schmelzer zich genoodzaakt voelde om met een eigen, minder scherpe motie te komen. Hij zou de regering vragen om de begroting voor het komende jaar nog eens te bekijken.

Premier Cals, toch al geen echte politieke vriend van Schmelzer, beschouwde dit echter ook als een motie van afkeur. Toch werd de motie-Schmelzer aangenomen, met slechts 4 KVP-leden die daar tegenstemden. Cals vond dit een dolkstoot in de rug, en het kabinet trad af. Politiek links reageerde furieus, radicalen uit de KVP traden uit de partij en richtten de PPR op. De PvdA wilde 'nooit' meer met de KVP regeren, er werd op het PvdA-congres zelfs een motie over aangenomen.

1969

Dolle Mina

De eerste feministische golf vond plaats tussen circa 1870-1920, toen het vrouwenkiesrecht gerealiseerd werd. Eind jaren zestig vond er een tweede golf plaats, dit keer werd er vooral gestreden voor gelijkheid van vrouwen en mannen op sociaal, financieel en seksueel gebied. In 1968 ontstond Man Vrouw Maatschappij, opgericht door PvdA-vrouwen.

Tijdens de Maagdenhuisbezetting in 1969, voor meer inspraak van studenten op de universiteit, viel het sommige studentes op dat jongens het woord voerden en meisjes de broodjes smeerden. Zij richtten Dolle Mina op, genoemd naar de feministe van de eerste golf Wilhelmina Drucker – hoewel haar bijnaam eigenlijk 'IJzeren Mina' was in haar tijd.

Dolle Mina deed vooral aan ludieke publieksacties om de (mannen)maatschappij wakker te schudden omtrent de onrechtvaardige behandeling van vrouwen. De eerste actie vond plaats op 23 januari 1970: vrouwen bestormden Kasteel Nijenrode, tot dan toe alleen toegankelijk voor mannelijke studenten. Hierna volgde de verbranding van een dameskorset bij het standbeeld van Wilhelmina Drucker. Een paar dagen later werden 'krullen' (urinoirs) ingepakt met roze linten uit protest tegen het ontbreken van openbare toiletten voor vrouwen. Beroemd werd de foto van dames die bij een gynaecologencongres in Utrecht 'baas in eigen buik' op hun buik hadden geschreven.

Binnen een paar weken had Dolle Mina duizenden aanhangers, eerst in Amsterdam en al zeer snel door heel Nederland. Er werden werkgroepen gevormd die zich toelegden op praktische zaken als abortus, crèches, gelijke betaling voor gelijk werk en ongehuwde moeders. Een groot aantal van deze onderwerpen werd in de jaren erna door de politiek geregeld.

1973

De oliecrisis

De olieproducerende landen waren al langer niet tevreden met de prijs die zij voor een vat ruwe aardolie kregen, want de oliemaatschappijen maakten meer winst dan de landen zelf. Die landen organiseerden zich in 1960 in de OPEC.

Op Jom Kippoer brak in het Midden-Oosten (weer) een oorlog uit tussen Israël en diens buurlanden Egypte en Syrië. De Israëliërs hadden het in het begin zo moeilijk dat de VS het land bijstonden, en ook minister Vredeling van Defensie stuurde, achter de rug van de rest van het kabinet om, wapens naar Israël. Israël won de oorlog alsnog.

De Arabische OPEC-leden verhoogden de prijs van aardolie met 70% en verminderden hun productie met 5%, bovendien begonnen zij met een boycot tegen de landen die Israël in de Jom Kippoer-oorlog gesteund hadden: de VS en Nederland. Hoogstwaarschijnlijk werd Nederland er uitgepikt omdat Rotterdam de grootste doorvoerhaven was van olie in Europa. De oliemaatschappijen hadden de crisis al min of meer zien aankomen en hun voorraden tot het maximum aangevuld. Bovendien leverden niet-Arabische OPEC-leden in die tijd gewoon extra. Kortom, van enige teruggang in de olievoorraad is in die tijd nooit sprake geweest.

Toch reageerde het kabinet-Den Uyl meer dan geschrokken, de somberste scenario's werden geschetst; voortaan moest we de gordijnen dichtdoen om warmte te besparen. Ook ging benzine op de bon, maar dat werkte helemaal niet – en zeker niet in de grensstreek, waar iedereen vrijelijk in de buurlanden ging tanken. Er werden autoloze zondagen ingesteld; achteraf totaal onnodig, maar Nederland zag er met nostalgie op terug.

1975

Suriname onafhankelijk

Op 25 november 1975 werd Suriname onafhankelijk van Nederland. In tegenstelling tot de meeste andere ex-koloniën ging daar geen grote strijd aan vooraf. In 1951 werd in Amsterdam de vereniging Wi Egi Sani ('Onze eigen zaak') opgericht door Eddy Bruma, die zich inspande voor onafhankelijkheid. In 1959 richtten een aantal Wi Egi Sani-leden de Nationalistische Beweging Suriname op, die later Partij van de Nationalistische Republiek (PNR) ging heten. Pas in 1969 kreeg deze partij een eerste zetel in het parlement, ingenomen door Eddy Bruma.

Wi Egi Sani was een creoolse organisatie. De creolen vormden de meerderheid van de Surinaamse bevolking, waarin ook (veel) Hindoestanen, Javanen, indianen en blanken woonden. De laatste vier groepen waren over het algemeen tegen onafhankelijkheid; ze waren bang dan onderdrukt te zullen worden, zoals ook gebeurd was in buurland Guyana. De PNR mocht dan wel een kleine partij zijn, hun invloed was een stuk groter. De grote creoolse politieke partij Nationale Partij Suriname (NPS) was bang voor die invloed, en de nieuwe voorman Henck Arron omarmde het onafhankelijkheidsidee.

Nederland, dat toen geregeerd werd door het kabinet-Den Uyl, stond daar zeer welwillend tegenover. Den Uyl c.s. waren principieel anti-koloniaal, ze wilden per se geen problemen met een onafhankelijkheid en ze wilden graag de grote stroom Surinamers indammen die naar Nederland kwamen. In anderhalf jaar werd de hele zaak uitgepraat en beklonken, de militaire situatie, ontwikkelingshulp en emigrantenstroom waren de enige door te hakken knelpunten. In Suriname zelf waren er nog wat politieke strubbelingen doordat er op een gegeven moment evenveel voor- als tegenstanders waren.

1976

De Lockheed-affaire

Eind 1975 werd er door de Amerikaanse Senaat een onderzoek ingesteld, onder leiding van senator Frank Church, naar de vliegtuigfabrikant Lockheed. Daaruit bleek dat Lockheed jarenlang steekpenningen had betaald, onder meer aan een 'very high Dutch official'. Al snel kwam men erachter dat het bedoelde smeergeld aan prins Bernhard was betaald.

Het kabinet-Den Uyl besloot de zaak uit te laten zoeken door een commissie van drie wijze mannen, onder leiding van A.M. Donner, rechter bij het Europees hof van Justitie. De commissie-Donner kwam met een tamelijk vernietigend rapport, waarin de prins werd afgeschilderd als iemand die wel erg lichtvaardig had gehandeld. Het stond vast dat de prins $1,1 miljoen had ontvangen van Lockheed. Ook werden er allerlei bedragen gevonden die op naam waren gezet van ene Victor Baarn (de woonplaats van de prins) en A.E. Pantchoulidzew (de minnaar van Bernhards moeder).

Premier Den Uyl stond voor een levensgroot dilemma, zeker toen koningin Juliana vierkant achter haar echtgenoot ging staan en dreigde met aftreden. Den Uyl durfde toen geen strafvervolging in te laten stellen. Wel moest de prins zijn functies in het bedrijfsleven neerleggen, evenals die van inspecteur-generaal van de Nederlandse krijgsmacht. Tevens mocht hij niet meer in militair uniform in het openbaar verschijnen.

Later is wel vast komen te staan dat de Lockheed-affaire het topje van de ijsberg was; ook concurrent Northrop had geld aan de prins overgemaakt. De prins had nog meer misstappen begaan; bijna op zijn sterfbed biechtte hij aan de Volkskrant op dat hij twee buitenechtelijke dochters had verwekt.

1977

Molukse gijzelingen

Op 23 mei 1977 werd de trein bij De Punt door negen Molukse kapers tot stoppen gedwongen en begon een gijzelingsactie van 49 mensen, die twintig dagen zou duren. Tegelijkertijd werd in Bovensmilde een lagere school door vier Zuid-Molukkers bezet, waarbij 105 kinderen en vijf onderwijzers in gijzeling werden gehouden. Ze eisten vrijlating van gevangen landgenoten en een grotere inzet van de Nederlandse regering voor een onafhankelijke Republiek der Zuid-Molukken.

De Zuid-Molukken zijn een eilandengroep in Indonesië die door de Nederlandse overheid zelfstandigheid waren beloofd. Veel Molukkers zaten in het Koninklijk Nederlandsch-Indisch Leger (KNIL), van wie er velen in 1951 naar Nederland waren gekomen. De opvang was hier verre van optimaal, grote groepen zaten in de voormalige concentratiekampen in Vught en Westerbork. Een aantal van hun kinderen, de tweede generatie, kwam uiteindelijk in opstand en voerden harde acties, zoals de treinkaping in Wijster in 1975, waarbij drie doden vielen.

Bij de gijzeling in De Punt had het crisisteam – bestaande uit de demissionaire minsters Den Uyl, Van Agt en De Gaay-Fortman – het voordeel dat er afluisterapparatuur aanwezig was, zodat zij de gang van zaken goed konden volgen. Dit keer werden er geen gijzelaars doodgeschoten, er werd ook niet mee gedreigd. Toch besloot de regering een einde te maken aan de kaping. Op zaterdag 11 juni werd de trein bestormd, waarbij zes kapers en twee gegijzelden om het leven kwamen. De bezetting van de school in Bovensmilde werd hierna opgegeven.

De vlak daarop gehouden verkiezingen bracht Den Uyl een enorme verkiezingswinst van tien zetels.

1980

Inhuldiging van koningin Beatrix

Op 31 januari 1980, de verjaardag van haar dochter, kondigde koningin Juliana aan dat zij op 30 april afstand zou doen van de troon ten behoeve van haar dochter Beatrix. Zoals voorgeschreven, vond die abdicatie plaats in Amsterdam.

Amsterdam was in die jaren in de ban van de kraakbeweging. Krakers protesteerden hiermee tegen de leegstand – veelal de schuld van speculanten– en het gebrek aan redelijke woonruimtes voor mensen met een kleine beurs. Zo vond er in maart een zeer gewelddadige ontruiming plaats in de Vondelstraat, waarbij zelfs een pantservoertuig van het leger werd ingezet. Ook de spanningen rond de Groote Keijser, een aantal gekraakte panden op de Keizersgracht, waren groot. Tevens zond de radiozender De Vrije Keijser vanaf die locatie zijn opruiende uitzendingen de lucht in. Het feit dat diverse koninklijke paleizen (Paleis Noordeinde en Paleis op de Dam) wel werden gerenoveerd en er weinig tot niets door het ministerie van Volkshuisvesting voor jongeren werd gedaan, zette kwaad bloed.

De inhuldigingsdag werd dan ook uitgeroepen tot actiedag, onder de motto's 'Geen woning, geen kroning' en 'Kein haus, kein Claus'. Naast krakers trok dit ook ander relbelust jong volk aan. Achteraf kon men constateren dat de krakers het van de feestgangers hadden gewonnen. Het voorstellen van de nieuwe koningin (Beatrix) door de oude (Juliana) werd volkomen overstemd door de oproerkraaiers. Er vonden een flink aantal botsingen plaats tussen de Mobiele Eenheid van de politie en de krakers, waarbij de Slag om de Blauwbrug later nog een mooi boek van A.F.Th. van der Heijden opleverde.

1992

De Bijlmerramp

Op 4 oktober 1992 meldde gezagsvoerder Yitzak Fuchs van het Boeing 747- vrachtvliegtuig van de Israëlische maatschappij El Al aan de verkeerstoren: 'El Al 1862 has lost number 3 and number 4 engine.' Dat betrof dus beide motoren aan de rechtervleugel. De term 'lost' werd gebruikt als een motor was uitgevallen, maar in dit geval had het vliegtuig de twee motoren daadwerkelijk verloren; ze waren afgebroken bij het Naardermeer. Waarschijnlijk had men dit bij de luchtverkeersleiding verkeerd geïnterpreteerd.

Het vliegtuig keerde terug richting Schiphol en wilde landen op de Buitenveldertbaan. Nadat het toestel onder de 1500 voetgrens was gekomen, bleek het volkomen stuurloos te zijn. Het vloog recht in twee galerijflats in de Bijlmer, een groot wooncomplex buiten de stad Amsterdam. De gebouwen vlogen direct in brand en stortten gedeeltelijk in.

Toevallig aanwezige politieagenten sloegen meteen groot alarm. Tijdens de dagen na de ramp steeg het aantal vermisten tot boven de 1500; de overheid ging uit van een dodental van meer dan 200. Uiteindelijk bleken er 'slechts' 43 doden te betreuren te zijn, onder wie de twee bemanningsleden van de Boeing en een El Al-medewerkster die in Amsterdam was ingestapt om in Tel Aviv te gaan trouwen.

Naderhand bleken er nogal wat onduidelijkheden te bestaan. Veel mensen hadden 'mannen in witte pakken' waargenomen vlak na de ramp. De exacte lading van het vliegtuig bleek niet te achterhalen, vrachtbrieven bleken onleesbaar en/of dubbel. Veel mensen (b)leken later vreemde ziekteverschijnselen te krijgen, wat geweten werd aan de onbekende vracht en onbekende stoffen die na de brand vrijkwamen.

2002

Invoering van de euro

De invoering van de euro was de culminatie van een proces dat na de Tweede Wereldoorlog was begonnen. Jean Monnet en Robert Schuman stelden samen het Schuman-plan op, dat door de Duitse bondskanselier Konrad Adenauer omarmd werd, om de economische rivaliteit tussen Duitsland en Frankrijk te verminderen – en daardoor een volgende oorlog tussen de twee landen te voorkomen. Dit leidde in 1952 tot de vorming van de Europese Gemeenschap voor Kolen en Staal (EGKS), met als deelnemende landen West-Duitsland, Frankrijk, Italië, België, Luxemburg en Nederland.

In 1958 breidden dezelfde landen deze samenwerking uit en kwamen tot de Europees Economische Gemeenschap (EEG), vooral ook bekend geworden door de subsidies aan boeren die tot de 'boterberg' en de 'melkzee' leidden. Steeds meer landen sloten zich aan bij de EEG, die in 1993 eerst overging in de Europese Gemeenschap en later de Europese Unie werd (2007). Het betekende in deze landen vrij verkeer van mensen en goederen, en verregaande samenwerking op allerlei andere terreinen.

In 1992 werd, in Maastricht, besloten tot de invoering van de euro. Vanaf 1979 bestond al de ecu (Europese rekeneenheid) die in 1999 werd vervangen door de rekeneenheid euro. Op 1 januari 2002 werd de euro nu fysiek ook tastbaar, er kwamen biljetten en munten. Minister Zalm van Financiën gaf iedereen een setje munten om te wennen. Bijna niemand vond de nieuwe biljetten mooier dan het oude Nederlandse geld, maar het was snel ingeburgerd.

Dat er ook haken en ogen aan de euro zaten, bleek vanaf 2010 met de Griekse eurocrisis.

2002

Huwelijk Willem-Alexander en Máxima

Door de moderne technieken stond geen Nederlandse prins méér in de publieke belangstelling dan Willem-Alexander. Radio, televisie, de serieuze pers én de roddelpers volgden alle strapatsen van de kroonprins op de voet. Daar zaten positieve momenten tussen (het rijden van de Elfstedentocht) en ook negatieve (het uitbundig feestvieren van 'prins Pils' tijdens de Olympische Spelen). Kortom, veel privé is er nooit geweest in het leven van Willem-Alexander, en dat gold helemaal als het om een toekomstige vrouw ging.

Vanaf 1995 woonde de prins naast paleis Noordeinde in Den Haag en verving meerdere malen zijn zieke vader tijdens staats- of andere bezoeken. In 1999 ontmoette hij de Argentijnse Máxima Zorreguietta, die hij ten huwelijk vroeg. Het enige probleem was de vader van Máxima. Jorge Zorreguietta bleek tijdens de Argentijnse militaire dictatuur onderminister van Landbouw in zijn land te zijn geweest, in een tijd dat circa 30.000 tegenstanders van het bewind spoorloos verdwenen tijdens deze 'vuile oorlog'. De discussie spitste zich dan ook toe op deze man en naar goed Nederlands gebruik werd er een onderzoek naar hem verricht door professor Baud. Baud concludeerde dat Zorreguietta op de hoogte moest zijn geweest, wat voor premier Wim Kok en minister van Staat Max van der Stoel aanleiding was om de aanwezigheid van Jorge Zorreguietta bij verloving en huwelijk te voorkomen.

Maar toen Máxima haar aanstaande echtgenoot 'een beetje dom' noemde naar aanleiding van een ongelukkige uitspraak van Willem-Alexander, smolt Nederland. Zoals zij Máxima voor eeuwig in hun hart sloten na haar tranen tijdens de huwelijksplechtigheid.

2002

Moord op Pim Fortuyn

Op 6 mei 2002 vond de eerste politieke moord in Nederland plaats sinds het lynchen van de gebroeders De Witt in 1672. De politicus Pim Fortuyn werd neergeschoten door de dierenactivist Volkert van der G. Negen dagen later waren er Tweede Kamerverkiezingen, waarbij de Lijst Pim Fortuyn met 26 zetels de grootste nieuwkomer aller tijden in het parlement werd.

Fortuyn was een ambtenaar die als politieke gelukszoeker het hele spectrum van het Nederlandse partijenstelsel was doorgewandeld, van marxistisch socioloog tot lijsttrekker van de rechts van het midden staande nieuwe partij Leefbaar Nederland. Maar ook daar was hij met onenigheid vertrokken ('Waar Pim komt, komt ruzie', de Wet van Pim) en had hij zijn eigen beweging opgericht: de LPF. De strijdpunten van Fortuyn bestonden vooral uit het verkleinen van het ambtenarenkorps, de vrijheid van meningsuiting en het zich afzetten tegen het vreemdelingenbeleid in Nederland. Hoewel hij zichzelf, openlijk homoseksueel, een libertair politicus vond, trok vooral dat laatste standpunt een hausse aan vreemde volgelingen aan. Verder waren binnen de LPF 'vrije' ondernemers, vooral uit de vastgoedsector, goed vertegenwoordigd.

Fortuyn was een nieuw soort politicus, die niet naliet zijn opponenten te sarren en uitspraken over hemzelf af te doen als 'demonisering'. Zijn televisieoptredens waren vaak spektakelstukken, vooral het lijsttrekkersdebat na de gemeenteraadsverkiezingen in maart 2002 was een martelgang voor zijn tegenstanders Melkert (PvdA) en Dijkstal (VVD).

De moord op Fortuyn maakte veel emoties los, vooral in zijn thuishaven Rotterdam. In 2004 werd Fortuyn uitgeroepen tot 'grootste Nederlander' in het KRO-programma met dezelfde naam.

2004

Moord op Theo van Gogh

Tweeënhalf jaar na de moord op Pim Fortuyn werd de cineast, programmamaker, interviewer en columnist Theo van Gogh vermoord. Op klaarlichte dag werd Van Gogh in de Amsterdamse Linnaeusstraat doodgeschoten door de fanatieke moslim Mohammed B., waarna Van Goghs keel werd doorgesneden en met een fileermes een briefje voor de omstreden politica Ayaan Hirsi Ali op zijn lichaam werd geprikt.

De verbijstering was groot, Theo van Gogh was weliswaar een groot provocateur, maar werd toch meer als clown gezien dan als woordvoerder van een politieke stroming. Van Gogh beledigde namelijk alle soorten mensen. Onder het mom van vrijheid van meningsuiting gaf hij af op zowel joden als islamieten, zo gebruikte hij het welbekende neologisme 'geitenneukers' om die laatste groep aan te duiden. De laffe en zinloze moord leidde nog diezelfde avond tot een demonstratie.

Directe aanleiding tot de moord was de film *Submission*, die onder regie van Van Gogh en naar een script van Ayaan Hirsi Ali werd vertoond in het programma *Zomergasten*. Ayaan Hirsi Ali was zelf de gast in dat televisieprogramma. Daarin werd een gezichtsbedekte maar verder naakte moslima getoond met Koran-teksten op haar lijf geschreven. De film moest een aanklacht voorstellen over vrouwenmishandeling die voortvloeide uit de Koran.

Achteraf bleek dat de Algemene Inlichtingen- en Veiligheidsdienst (AIVD) Mohammed B. al een tijdje in het vizier had. Hij zou onderdeel hebben uitgemaakt van de Hofstadgroep, een terroristische organisatie van een aantal radicale islamitische jongeren.

Ook verkrijgbaar:

Mythologie voor in bed, op het toilet of in bad
Lenneke van der Burg
ISBN 978 90 453 1402 0

Taal voor in bed, op het toilet of in bad
Heidi Aalbrecht
ISBN 978 90 453 1323 8

Ondernemen voor in bed, op het toilet of in bad
Robert Jan Blom
ISBN 978 90 453 1358 0

Sport voor in bed, op het toilet of in bad
Rob Sebes
ISBN 978 90 453 1322 1

Europa voor in bed, op het toilet of in bad
Lennart Salemink
ISBN 978 90 453 1334 4

Economie voor in bed, op het toilet of in bad
Arjo Klamer e.a.
ISBN 978 90 453 1233 0

Politiek voor in bed, op het toilet of in bad
Rob Sebes en Lennart Salemink
ISBN 978 90 453 1216 3

Psychologie voor in bed, op het toilet of in bad
Pieternel Dijkstra
ISBN 978 90 453 1169 2

Wetenschap voor in bed, op het toilet of in bad
Robert Jan Blom
ISBN 978 90 453 1127 2

Geschiedenis voor in bed, op het toilet of in bad
Robert Jan Blom
ISBN 978 90 453 1092 3

Filosofie voor in bed, op het toilet of in bad
Gregory Bergman
ISBN 978 90 453 0948 4